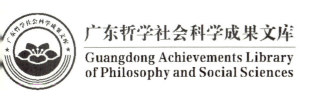

广东哲学社会科学成果文库

Guangdong Achievements Library
of Philosophy and Social Sciences

戴维森行动哲学专题研究

DAIWEISEN XINGDONG ZHEXUE ZHUANTI YANJIU

刘国锋 著

中山大学出版社
SUN YAT-SEN UNIVERSITY PRESS

·广州·

版权所有　翻印必究

图书在版编目（CIP）数据

戴维森行动哲学专题研究/刘国锋著.—广州：中山大学出版社，2019.10

（广东哲学社会科学成果文库）

ISBN 978 - 7 - 306 - 06704 - 3

Ⅰ. ①戴… Ⅱ. ①刘… Ⅲ. ①戴维森—哲学思想—研究 Ⅳ. ①B712.6

中国版本图书馆 CIP 数据核字（2019）第 205117 号

出 版 人：	王天琪
策划编辑：	金继伟
责任编辑：	王　璞
封面设计：	曾　斌
责任校对：	周　玢
责任技编：	何雅涛
出版发行：	中山大学出版社
电　　话：	编辑部 020 - 84110771，84113349，84111997，84110779
	发行部 020 - 84111998，84111981，84111160
地　　址：	广州市新港西路 135 号
邮　　编：	510275　传　真：020 - 84036565
网　　址：	http：//www.zsup.com.cn　E-mail：zdcbs@mail.sysu.edu.cn
印 刷 者：	佛山市浩文彩色印刷有限公司
规　　格：	787mm×1092mm　1/16　11 印张　262 千字
版次印次：	2019 年 10 月第 1 版　2019 年 10 月第 1 次印刷
定　　价：	78.00 元

如发现本书因印装质量影响阅读，请与出版社发行部联系调换

《广东哲学社会科学成果文库》
出版说明

　　《广东哲学社会科学成果文库》经广东省哲学社会科学规划领导小组批准设立，旨在集中推出反映当前我省哲学社会科学研究前沿水平的创新成果，鼓励广大学者打造更多的精品力作，推动我省哲学社会科学进一步繁荣发展。它经过学科专家组严格评审，从我省社会科学研究者承担的、结项等级"良好"或以上且尚未公开出版的国家哲学社会科学基金项目研究成果，以及广东省哲学社会科学规划项目研究成果中遴选产生。广东省哲学社会科学规划领导小组办公室按照"统一标识、统一封面、统一形式、统一标准"的总体要求组织出版。

广东省哲学社会科学规划领导小组办公室
2017 年 5 月

内 容 提 要

本书是国家社会科学基金青年项目"戴维森行动哲学专题研究"（09CZX025）的研究成果，对当代美国知名哲学家戴维森的行动哲学做了系统深入的考察。全书以语言哲学为背景，以行动的因果理论为核心，对戴维森的行动哲学做了一个重构。之所以说是重构，原因有二：戴维森有着丰富的行动哲学思想，但他并没有构造一个行动哲学的体系；戴维森哲学具有整体性，但他在阐述行动哲学的思想时所涉及的语言哲学思想是不系统的。

唐纳德·戴维森主要著作缩写

EAE　*Essays on Actions and Events*（Second Edition），Oxford University Press，2001

ITI　*Inquires into Truth and Interpretation*（Second Edition），Oxford University Press，2001

SIO　*Subjective, Intersubjective, Objective*，Oxford University Press，2001

POR　*Problems of Rationality*，Oxford University Press，2004

TLH　*Truth, Language, and History*，Oxford University Press，2005

目 录

导 言 ……………………………………………………………… 1
 第一节 行动哲学的兴起 ……………………………………… 1
 第二节 戴维森其人 …………………………………………… 5
 第三节 研究背景 ……………………………………………… 7
 第四节 研究思路 ……………………………………………… 10

第一章 行动的形而上学 ………………………………………… 16
 第一节 作为事件的行动 ……………………………………… 16
  一、引入事件 ……………………………………………… 16
  二、事件的个体化 ………………………………………… 22
  三、对戴维森行动观的诘难 ……………………………… 27
 第二节 作为殊相的行动 ……………………………………… 30
  一、事件作为殊相的基本观点 …………………………… 31
  二、对齐硕姆事件作为共相观点的回应 ………………… 32
  三、对金在权事件作为殊相观点的回应 ………………… 35
  四、事件作为殊相的语义学根源 ………………………… 36
 第三节 作为身体运动的行动 ………………………………… 37
  一、原始行动 ……………………………………………… 37
  二、行动的时间 …………………………………………… 40
  三、诘难与答复 …………………………………………… 48

第二章 行动的因果理论 ………………………………………… 52
 第一节 因果说明和理由说明 ………………………………… 52
  一、因果说明 ……………………………………………… 53
  二、理由说明 ……………………………………………… 54
  三、作为原因的理由说明 ………………………………… 56
 第二节 行动的因果理论 ……………………………………… 57

一、行动的因果理论的基本观点 ······················· 57
　　二、基本理由 ··· 59
　　三、行动的因果理论的发展 ······························ 61
第三节　对行动的非因果理论的反驳 ······················ 62
　　一、对"因果同类"论证的反驳 ······················· 63
　　二、对"逻辑联系"论证的反驳 ······················· 64
　　三、对因果法则论证的反驳 ······························ 66
第四节　命题态度的因果力 ······································· 69
　　一、命题态度的性质 ··· 69
　　二、命题态度的因果力 ····································· 72

第三章　行动与意向 ··· 74
第一节　区分行动和事件 ··· 75
　　一、语法能区分行动和事件吗 ·························· 76
　　二、因果概念能区分行动和事件吗 ··················· 76
　　三、意向概念是区分行动和事件的关键 ············ 77
第二节　实践推理中的意向概念 ······························· 79
　　一、带意向行动 ·· 80
　　二、意图 ··· 83
第三节　意向与信念的关系 ······································· 85
　　一、意向是信念吗 ··· 85
　　二、意向和信念有逻辑关系吗 ·························· 88
　　三、意向如何受信念制约 ·································· 91
第四节　异常因果链 ··· 93
　　一、三种类型的异常因果链 ······························ 94
　　二、解决异常因果链的一些做法 ······················· 96

第四章　行动与非理性 ··· 99
第一节　意志软弱 ··· 99
　　一、戴维森对两种流行观点的回应 ················· 100
　　二、戴维森对意志软弱的辩护 ························ 102
第二节　自我欺骗 ··· 108
　　一、自我欺骗的基本含义 ································ 108
　　二、解决非理性问题的关键：心灵区分 ·········· 111

第三节　简短的评论 ································· 114

第五章　戴维森的方法论原则 ···························· 116
　第一节　合理性原则 ································· 116
　　一、什么使一个动物成为理性的动物 ····················· 117
　　二、行动说明中的"合理性" ························· 120
　　三、对行动合理化说明的评价 ························· 123
　第二节　宽容原则 ··································· 124
　　一、历史背景 ····································· 124
　　二、宽容的必要性 ································· 125
　　三、宽容原则的内容 ······························· 129
　　四、捍卫宽容原则 ································· 134
　第三节　整体论原则 ································· 137
　　一、蒯因的整体论原则 ····························· 137
　　二、戴维森的整体论原则 ··························· 138
　　三、对戴维森整体论原则的评价 ····················· 141
　第四节　戴维森行动哲学的实用主义倾向 ················ 142
　　一、戴维森和实用主义者的关系 ····················· 142
　　二、戴维森哲学中的实用主义倾向 ··················· 143

第六章　对行动说明模式的重构与修正 ···················· 147
　第一节　捍卫行动的因果理论 ························· 147
　第二节　对行动说明模式的重构 ······················· 148
　第三节　对行动说明模式的修正 ······················· 149

结　语 ··· 154

主要参考文献 ······································· 157

导　言

第一节　行动哲学的兴起

人们常常认为：行动是有目的的行为。但这并不能完全把人的行动和动物的一些行为区分开来。哈里·法兰克福（Harry Frankfut）指出，动物的有目的的行为构成了一个低层次类型的"主动"行为。当一个蜘蛛走过桌子时，蜘蛛直接控制它腿部的移动，而且，它指引腿部从一方迈到另外一方，这说明，动物也有弱意义上的"行动"。① 尽管如此，人们一般并不认为其他动物有真正的行动，其原因在于，人类的行动一般都会归结于选择。

本书对行动概念的界定和戴维森一致，"'行动'一词在日常语言中不常出现，而它真的出现时，它通常用于相当重大的场合。我遵循一种有效的哲学惯例，将当事人有意所做的任何事情都称为行动，包括有意的疏忽在内"②。

行动哲学常常被看作心灵哲学的一个分支。③ 但人们对行动的关注至少可追溯到古希腊。在希腊文中，行动的书写形式为 praxis，来源于动词 prattein，其意为"做"。从广义的角度看，行动指行为者有意做的任何事情，它通常和言语相对应。人类及人以外的其他动物都能有这种行为；但从狭义的角度看，行动仅限于理性的选择，仅限于只有人才能做的事情。

亚里士多德对两类行动皆有探究，在《灵魂论》中，亚氏宽泛地讨论了行动，认为欲望与心灵这两个内在事件是动物运动的原因。其中，欲望

---

① H. Frankfurt, "The Problem of Action", in A. Mele (ed.), *The Philosophy of Action*, Oxford University Press, 1997, pp. 42–51.
② Davidson, "Actions, Reasons, and Causes", *EAE*, p. 5.
③ 例如，高新民、储绍华主编的《心灵哲学》（商务印书馆2002年版）一书就选编、翻译了戴维森的《行动、理由与原因》一文。

与某个目的相关，使得其对象是心灵的刺激物；心灵然后计算出目的的手段。但在更多时候，亚里士多德关注的是人类行动，因此，他主要是在狭义的意义上使用 praxis 的，意指以自身为目的，而不仅仅为了某种另外目的所进行的理性行为。这种过程包括思考、形成愿望、做出选择、做出身体的动作。

行为怎样成为行动？亚氏对这种动力进行了研究，他的答案是：行为要成为行动在于其动力因（arche kineseos），而野兽的行为则不可追溯到这种动力因。他认为这样的行为是自愿的，"那些在自身中有运动始点的人，做与不做都由他自己"①。亚里士多德进一步说：

> 非自愿行为是被强制的或由于无知。而自愿行为的始点则在有认识的人自身之中，他对其中生活的事物逐一认识。把那些出于激情和欲望的行为称为非自愿似乎是不对的。②

这种自愿的行为是当事人深思熟虑、谨慎选择的结果：

> 良好的行为就是目的，它是欲望之所求。所以，选择或者就是有欲望的理智，或者就是有思考的欲望，而人就是这种开始之点。③

亚里士多德的这种观点是行动的因果理论的雏形，因为他断定行动来源于选择。对于亚里士多德的自愿行动理论，存在一个威胁：由于亚氏认为，达到目的的欲望不可能产生选择，除非它显示了当事人的伦理特征。因此，他不可避免地得出结论：暂时沉溺于欲望，失去了人格的人（无自制力或意志软弱的人）不可能做出选择。

亚里士多德虽然对行动给予了很大的关注，但他并没对行动本身做出系统的阐述。在亚里士多德之后，阿奎那（Aquinas）发现了不满足亚里士多德描述的不自制（akrasia）的情形。在面临选择时，一个人完全可以有两个合法价值却又相反的选择，这可不能简单被解释为欲望完全战胜了理性。④ 这显然是对亚里士多德观点的一个改进，因为他承认存在冲突的

---

① ［希腊］亚里士多德：《尼各马科伦理学》，苗力田译，中国人民大学出版社 2003 年版，第 43 页。
② 同上书，第 45–46 页。
③ 同上书，第 120 页。
④ Summa Thelogica, Part Ⅱ, Q. 77, Art. 2. From Davidson, "Aristotle's Action", *TLH*, p. 281.

动机。

需要注意的是，尽管亚里士多德和阿奎那都很早就对行动给予关注，但他们没有专门针对行动的系统论述。很大程度上，伦理问题掩盖了对行动问题的关注。

赖尔（Gilbert Ryle）与维特根斯坦（Wittgenstein）对行动及命题态度概念的关注则渗入许多语义要素，他们都指责洛克主义的传统把语义关系和因果关系混淆了。① 其结果是，追随他们的许多哲学家倾向于不从因果的角度去分析心理活动的概念，在这种背景下，行动的因果理论遭到冷遇。现在我们已经看到，语义概念和因果概念虽然不可相互还原，但这并不意味着对语义概念的分析不能进入因果关系。

安斯康堪称是分析的行动哲学领域中的一个关键人物。在《意向》一书中，安斯康考察了两个问题：①不同的行动是如何联系的？例如，如果某人带着给居民下毒的意向在上下挥动手臂、操作抽水机、补充水，那么，这个人是履行了四个行动呢，还是一个行动呢？她自己的答案是，这是四种描述下的同一个行动。② ②我们该怎样去看亚里士多德的实践三段论中的大前提？在日常用法中，学者们经常会用大前提和小前提来形容亚里士多德的前提，但安斯康指出，它们并不适用于亚里士多德的实践三段论。例如：

> 做有益于阻止车祸发生的事情。
> 如此这般将有益于阻止车祸发生。
> 因此：如此这般做。

这种三种段论有其缺点：第一个前提——全称的前提——说得太过了（insane）。因为人们完全可能有上百种不相容的选择避免车祸。③

而戴维森则在分析的行动哲学领域中起到了转向的作用。戴维森在行动哲学领域最大的贡献是恢复了行动的因果理论的主流地位，但除此以外，他亦对行动的本体论问题和语义学有所关注，其中，本体论问题给行动的因果理论提供了理论支撑，而行动句的语义学则有助于人们理解行动句的

---

① 参见［英］赖尔《心的概念》，徐大建译，商务印书馆1992年版，第12-17页；［英］维特根斯坦《哲学研究》，陈嘉映译，上海人民出版社2001年版，第208-209页。
② See G. E. M, Anscombe, *Intention (Second Edition)*, Harvard University Press, 2000, pp. 45-47.
③ Ibid., pp. 58-59.

内在联系。戴维森接受了安斯康一个行动有多种描述的观点。但他接着问了一个本体论的问题：行动是什么样的实体？最常见的想法是，存在识别这个实体的单称词项。正如弗雷格做的那样，金星（Venus）可以描写成"晨星"或"暮星"，或者如罗素关于"斯各特"和"威弗利的作者"的说明。但根据戴维森"这个人挥动手臂"这类句子和"这个人之挥动手臂"类表达式的所指并不相同，后者确实指的是一个行动，但前者似乎只是对"这个人"和"手臂"的描述。因此，戴维森认为，像弗雷格或罗素一样设定限定摹状词来指事件，特别是行动这个实体是不可能做到的。

不过，他是后来在考虑行动句的逻辑形式的过程中才慢慢意识到这一点，诸如"这个人挥动手臂"这样的句子并不包含限定摹状词。通过引入事件，"这个人挥动手臂"可以量化成：((x) 挥动（这个人，手臂，x））（可读为：存在一个事件，使得该事件是这个人对手臂施行挥动的行动）。经过这种处理之后，我们就可以看到，这类句子并不蕴含单一性。这个人挥动一次手臂也好，十几次也好，该句子都是真的。只要这个人没挥动过手臂，该句子便是假的。按这种分析，诸如"这个人挥动手臂"的句子并无特指某一个事件，就好像名称和摹状词描述的那样。相反，它只是表明，至少存在一个事件，这个人是当事人，并且这个事件是挥动（moving），是关于手臂的。[①]

戴维森还接受了安斯康关于实践推理的观点。他对自己早年支持的演绎的实践推理的观点进行了反思，因为演绎的实践推理的观点无法有效地解释意志软弱的问题。在安斯康的基础上，戴维森进一步提出了非演绎的实践推理的观点，他通过引入"pf"（prima facie）联结词，给意志软弱的行动提供了逻辑辩护，表明了所有行动责任都是表面的（prima facie），因此就是可以取消的，而实践推理则是最后的结果。

和以前的哲学家相比，戴维森对行动哲学的关注更多地体现了对语义学的关注，这就使得，行动哲学和语言哲学有了更密切的联系。江怡主编的《现代英美分析哲学》（下）这样描述戴维森导致当代西方行动哲学的两个变化：①在行动解释中用因果关系取代了理由说明，把一切行为的理由都归结为可以还原为物理规律的因果解释，这就消除了意向性概念在行为解释中的作用；②用事件概念取代状态或态度概念，把心理事件归结为物理事件，从而把"事件确立为行动解释的本体概念，以'事件'作为解释一切行动的基础和出发点。正是这两个重要变化确立了戴维森在当代行动

---

① See Davidson, "Aristotle's Action", *TLH*, p. 285.

哲学中不可替代的地位"①。

第二节 戴维森其人

唐纳德·戴维森（Donald Davidson）是当代最为杰出和有影响力的西方哲学家之一。他于1917年3月6日出生在美国马萨诸塞州斯普林菲尔德市。1935年，他进入哈佛大学学习，前两年主修英语，但是后来转向古典和比较文学方向，并于1939年获得文学学士学位。在这个时期，他对哲学产生了兴趣，并在这方面受益于怀特海和普拉尔（D. Prall），后者是他本科期间的唯一哲学导师。当时，戴维森对哲学的兴趣主要是哲学史以及哲学史和观念史的关系这两方面。1939年，他在取得哈佛大学学士学位后，获得了古典哲学的奖学金，并由此真正步入了哲学的殿堂。在这个时候，他选修了蒯因的逻辑学课程，蒯因影响了戴维森对哲学的态度。1941年，他取得了文学硕士的学位。不久，由于第二次世界大战爆发，他的学业被迫中断。在1946年，他重返哈佛大学并于次年在纽约的皇后学院（Queens College）得到一份教职，在洛克菲勒基金的资助下，他于1949年完成了博士毕业论文《柏拉图斐莱布篇》，并顺利通过了答辩。其后，他在昆斯学院、斯坦福大学、普林斯顿大学、洛克菲勒大学和芝加哥大学任教过；从1981年起，他担任加州大学伯克利分校哲学教授，直至2003年去世。

戴维森在1963年发表的论文《行动、理由与原因》及1967年发表的论文《真与意义》给他带来了广泛的声誉，奠定了他在当代美国哲学中的地位。戴维森的重要思想都是通过论文的形式发表的，其中，大部分论文都由牛津大学出版社结集出版，计有五卷：《行动与事件文集》（1980年初版，2001年第二版）、《对真和解释的探究》（1984年初版，2001年第二版）、《主观的、主观际的和客观的》（2001）、《合理性问题》（2004）和《真、语言和历史》（2005）。其中，行动哲学主要体现在《行动与事件文集》，但它却是戴维森一直关注的领域，例如，他在1987年发表的《行动说明中的问题》（被收入《合理性问题》文集）和2001年发表的《亚里士多德的行动》（被收入《真、语言和历史》文集）就是对早年行动哲学的反思和发展。

---

① 江怡：《现代英美分析哲学》，江苏人民出版社2005年版，第843–844页。

戴维森的哲学思想是在较为复杂的背景下提出来的。在20世纪30年代，流亡到美国的逻辑实证主义的维也纳学派和美国本土的实用主义呈现出融合的趋势，产生出一种新实用主义，即逻辑实用主义，其代表人物是蒯因（W. V. O. Quine）。在戴维森的哲学著作中，我们可以明显地感觉到维也纳学派一些成员对他的影响，如卡尔纳普、亨普尔和莱欣巴赫等。但是，对他影响最深的当属蒯因，蒯因的影响如此之深，以至于戴维森在很多时候认为自己只是在继续和阐述蒯因的思想。蒯因的影响不仅包括经验主义方面，也包括对经验主义的批评方面。戴维森接受了蒯因的整体论方法、宽容原则、实用主义立场和现代逻辑的思想。

在国外，对心灵哲学的研究方兴未艾，行动哲学作为其中的重要组成部分也正受到越来越多人的关注。西方哲学家们普遍认为，对语言的意义、指称等性质的讨论离不开作为心灵状态的关注，而对意向的表达则是通过各种行动完成的。更重要的是，说话本身就是一种行动，这也就使得我们研究行动哲学有了更深的价值和意义。因此，语言、心灵和行动是互相依赖的。应当说，行动哲学是从语言哲学的视角讨论自由意志与行动之关系的一个专门领域。

行动哲学是戴维森哲学中非常重要的一个部分，也是他的哲学被看作新实用主义的主要根据。由于戴维森哲学的整体性，他的行动哲学和语言哲学有着密切的联系。路德维格（Kirk Ludwig）总结如下："在理解意义的性质、命题态度（信念、欲望和意向等）方面，以及在我们关于自我心灵、他人心灵的知识以及身边世界的认识论立场方面，戴维森全部工作的核心集中于我们怎样能够解释他人话语的反思方面。"[①]

戴维森对行动哲学的兴趣则起源于一位颇有天赋的学生贝内特（Daniel Bennett）的作品。贝内特当时在跟着戴维森写论文，但是贝内特在牛津大学待了一年，并由此喜欢上那里关于行动的讨论。戴维森在牛津大学时也短暂地加入过贝内特和他妻子的讨论。虽然戴维森在牛津大学待的时间不长，但是他对行动哲学的兴趣的种子已经播下。他开始阅读行动哲学的著作：安斯康（G. E. M. Anscombe）的《意向》和汉普舍尔（Hampshire）的《思想和行动》。这样，就把他带回到维特根斯坦及其追随者那里。对戴维森来说，行动哲学是全新的领域，所以，他经常和贝内特讨论，并举行各种讲座。他的思想慢慢成形，在1963年，他发表了《行动、理由与原因》。在该文中，他反对流行的观点，根据这种观点，因果性和涉及意向的现象

[①] Ludwig (ed.), *Donald Davidson*, Cambridge University Press, 2003, p. 1.

（如思想和行动）是没有联系的。这篇论文发表后，在最初几年，并没有受到人们足够的关注。正如戴维森所说："在当时，我的论文几乎是波澜不惊。"① 但是，慢慢它受到了越来越多哲学家的关注。据戴维森自己统计，至1999年他写"学术自传"的时候，这篇论文已经被重印24次，翻译为9种语言。②

第三节 研究背景

对戴维森哲学的研究始于20世纪70年代末，而伴随着他两部论文集（《行动与事件文集》和《对真和解释的探究》）的问世，研究他哲学的著作和文章开始增加。在世界各地，有过许多戴维森哲学国际研讨会，至1997年已有15次。在1984年，美国的拉特哥斯大学举行了为期5天的"戴维森哲学国际研讨会"，有来自20多个国家的500多名学者出席了会议，会后出版了与戴维森论文集相对应的研究论文选集，也包含了他本人的几篇文章以及答辩。这两本论文选是《行动和事件：论戴维森哲学》（1985）和《真和解释：论戴维森哲学》（1986）。此外，另有一些比较有影响的研究论文集出版，如欣迪卡等人编辑的《论戴维森：行动和事件》（1985）、刘易斯·汉恩（L. E. Hahn）编辑的《唐纳德·戴维森的哲学》（1999）。前者收入了许多重要的哲学家对戴维森哲学的理解和批评，后者是"在世哲学家文库"的其中一册，既包含了戴维森的自传，也包含了其他哲学家对他各个领域进行的批评和他所做的答复。另有从普及的角度介绍戴维森哲学的著作《唐纳德·戴维森》（Simon Evnine，1991）。该书基本上涉及戴维森哲学的各个领域。在该书的前言中，作者表达了他希望那些没有哲学背景的读者也能同样理解戴维森哲学基本思想的愿望。近些年来，对戴维森哲学的研究热度仍然不减，在2003年，柯克·路德维格编辑出版了《唐纳德·戴维森》一书，该书收入了讨论戴维森哲学的7篇文章，主题涉及行动哲学、哲学心理学、自然语言语义学、彻底解释、认识论以及隐喻等领域；在2004年，马克·约瑟夫（Marc Joseph）出版了另一本研究

---

① Davidson, "Intellectual Autobiography", in L. E. Hahn (ed.), *The Philosophy of Davidson*, Chicago: Open Court Publishing Company, p. 37.

② 戴维森的"学术自传"被收入1999年"在世哲学家丛书"的《唐纳德·戴维森的哲学》卷。

戴维森哲学的专著《唐纳德·戴维森》；在2013年，厄尼·莱波雷和柯克·路德维格编辑出版了《唐纳德·戴维森导读》，该书分为行动理论、形而上学、语言哲学、心灵哲学、认识论与影响六个部分。从以上的说明可以看出，在国外，对戴维森哲学的研究是比较全面的，包含了各个领域。我们有理由相信，随着他的论文集《主观的、主观际的、客观的》《合理性问题》以及《真、语言和历史》的进一步流传，对他的哲学的研究将会出现一个新的高潮。

在国内，学者对戴维森哲学关注并不算晚。在译著方面，有牟博翻译的格雷林的《哲学逻辑引论》（中国社会科学出版社1990年版），此书有多处谈到了戴维森的思想。戴维森的译著在1993年出版，即牟博编译的《真理、意义、行动与事件——戴维森哲学文选》（商务印书馆1993年版），内容包括戴维森的语言哲学、心灵哲学及行动哲学的13篇论文。此外，还有王路的《真与谓述》（2007）、牟博与江怡的《对真理和解释的探究（第二版）》（2007），以及牟博等人编译的《真理、意义与方法——戴维森哲学文选》（2008）。其中，前两本译著集中在戴维森的语言哲学方面，后面的编译集中在对戴维森哲学的整体把握方面。由于戴维森坚持把逻辑、语言和本体论问题结合在一起考虑，前两本译著的出版给了行动哲学研究者更为全面的资料；而后者的编译著作则是牟博在《真理、意义、行动与事件——戴维森哲学文选》（1993）基础之上增选一些论文出版的，和以前相比，增加了《行动、理由与原因》（储昭华译）等行动哲学领域的一些文章，它直接提供了行动哲学研究的第一手资料。

在戴维森的语言哲学研究方面，涂纪亮著的《英美语言哲学概论》（1988）、车铭州主编的《现代西方语言哲学》（1989）均有专门章节阐述戴维森的哲学。总体来说，中国学者对戴维森哲学的关注主要集中在语言哲学方面，迄今为止，已经有几篇博士、硕士学位论文对戴维森的语言哲学做了较为系统的研究。其中，博士学位论文有中国人民大学张妮妮的《意义，解释和真——戴维森语言哲学研究》（2004），硕士学位论文有北京大学朱锐的《戴维森纲领研究》（1991）、山东大学邱文元的《戴维森的真理意义论》（1994）、中国人民大学赵琳的《戴维森的意义理论》（2001）等。除此之外，多数现代西方哲学的教科书都会谈到戴维森哲学，例如赵敦华著的《现代西方哲学新编》（2001）、江怡主编的《走向新世纪的西方哲学》（1998）、夏基松的《现代西方哲学》（2006）均有专门章节阐述；在研究专著方面，叶闯出版了大陆第一部戴维森哲学研究专著《理解的条件——戴维森的解释理论》（2006），该书主要研究戴维森原始解释（彻底解释）的基本条件。由于彻底解释离不开行动，因此，该书有助于我们理解他的行动哲学；在2008年，张妮妮出版了《意义，解释和真——戴维森语言哲学研究》，该著作以戴维森的语言哲学为主线，阐述了意义与真、意义与解释以及与信念的关系；在2013年，王静出版了《戴维森纲领与知识论重建》，该著作从先验论证角度重新审视戴维森纲领，并由此扩展至语义学和知识论领域。

在戴维森的行动哲学研究方面，早在1985年，我国台湾地区学者方万全就发表了他的博士学位论文《戴维森的事件观研究》（英文版），但可惜该书没有中文版，所以在国内影响不是很大。高新民先生对戴维森的行动哲学也给予了相当关注：他翻译了戴维森的行动哲学中的代表作《行动、理由与原因》（见高新民、储昭华主编《心灵哲学》，商务印书馆2002年版）；此外，他较早的著作《现代西方心灵哲学》第十章"自由意志与行动哲学"对戴维森行动哲学中所持的"整体主义"观点有所涉及，只是还没有进行系统的阐述。韩林合在2003年出版了《分析的形而上学》一书，里面有专门章节阐述戴维森的事件观。由于戴维森认为行动是事件，对事件的形而上学探讨可以在很大程度上帮助我们理解行动。

易江所著的《行动和行动说明》（1995）是国内较早的专门研究行动哲学的一本专著，该书有专门章节阐述"行动的理由说明"，其中有很大篇幅提到了戴维森在《行动、理由与原因》一文中所持的观点。关于戴维森的行动哲学的研究，新近的进展可以参考江怡主编的《现代英美分析哲学》（2005）第五章第五节"行动与事件"，该书指出，行动哲学是戴维森哲学最具特色的部分；此外，由张庆熊、周林东、徐英瑾所著的《二十世纪英美哲学》（2005）第十三章"戴维森：对于行动与意义的诠释"对戴维森在《行动、理由与原因》（1963）一文中的行动因果理论给予了很大关注，并认为它为一种适用性更强的诠释（即解释）理论的提出提供了一个具体而微的案例。

同时，国内的学者慢慢扩展了戴维森哲学研究的视角，例如，陈常燊在2012年出版了《理解的准则——戴维森合理性理论研究》，该书试图将戴维森哲学视为一个有机整体，即"合理性的哲学"，以"理解如何可能"为主线，该书认为，从意义理论到行动理论，从心灵哲学到价值哲学，对思想、意义和行动的理解离不开合理性的理论基石。

从上面的分析可以看出，国内对戴维森哲学的研究分散中见集中，从零散走向系统，并且关注点慢慢触及各个领域，但最后的着眼点均有指向其彻底解释立场的趋向，而这和戴维森自己对哲学关注的趋向是一致的。

由于戴维森哲学的整体性，对其哲学的总体把握有助于对他任一哲学领域的研究。反过来，对他任一哲学领域的研究也能达到其对哲学的总体把握。而戴维森的行动哲学可以很好地帮助我们理解其语言哲学中彻底解释的立场，但国内在这方面的研究较少，因此，从事这方面的研究将更好地帮助我们理解戴维森哲学。

2003年7月，原计划在北京举行一次戴维森哲学国际研讨会，戴维森本人也已承诺参加，但因"非典"的影响而推迟。后来，戴维森不幸去世。但是在2004年6月，北京还是举行了"戴维森哲学与中国哲学：纪念唐纳德·戴维森"国际研讨会。来自各地的学者探讨了戴维森哲学对中国哲学研究的意义和影响。这表明，戴维森哲学在中国越来越受到重视，所涉及的领域也越来越广。

第四节 研究思路

以上就是本书选题的基本背景。一般说来，国内学者对戴维森哲学的关注大多从语言哲学开始，但是，戴维森语言哲学中彻底解释的立场和他的行动哲学却是密不可分的。从上面的描述可以看出，国内学界对戴维森行动哲学的关注程度远远不够。正如前面所说的，戴维森哲学的整体性扩大了理解的难度，反过来说，对他任一领域的理解都将有助于其他领域的理解。因此，选择戴维森的行动哲学作为本书选题是有着非常积极的意义的。

本书试图在语言哲学的背景下研究戴维森的行动哲学，这是因为，戴维森所持的彻底解释的立场要求考虑到说话者的话语语境特别是命题态度等因素。很显然，在解释某人时，我们必须考虑到以下三方面要素：心理状态、话语（有意义的语言产物）和行动。其中，说话也可以看作行动的一种特别情形。戴维森的行动哲学有助于我们理解奥斯汀的言语行为理论，即以言表意、以言取效和以言行事三种类型。这样，语言、心灵和行动就交织在一起，构成了一张整体的网络。其中，行动给我们提供了进入这个网络的手段。

本书同时试图在传统的行动哲学的框架下研究戴维森的行动哲学。一种全面的行动哲学应该包括下列的问题：行动的性质，尝试，行动的说明，行动的理由，意向以及意向性行动。① 除此以外，人们还希望全面的行动哲学能解决部分身心问题和阐明自由意志、道德责任和实践推理等问题。本书将涉及以上大多数问题。

由于戴维森是一位致力于把逻辑、语言和本体论结合起来的哲学家，因此，本书对他行动哲学的探讨所涉及的背景也会比较宽泛，而不仅仅局限于传统行动哲学所关心的问题。在戴维森的行动哲学中，"事件"概念是说明一切行动的基础和出发点，这是因为，他对行动的讨论是通过事件的讨论进行的。戴维森对行动的进一步讨论都是建立在事件概念上的。和传统的行动哲学的另一个不同之处在于，他很关注非理性行为，并认为非理性情形可以在理性的框架之下得到理解。

本书以语言哲学为背景，以行动的因果理论为核心，对戴维森的行动哲学做一个重构。之所以说是重构，原因有二：①虽然戴维森有着丰富的行动哲学思想，但他并没有构造一个行动哲学的体系；②虽然戴维森哲学具有整体性，但他在阐述行动哲学的思想时所涉及的语言哲学思想是零散的和不系统的。

戴维森在行动哲学领域的最大贡献是恢复了行动的因果理论的地位，本书将围绕这个主题展开，各章之间的逻辑线索如下：本书第一章探讨了戴维森行动哲学的形而上学基础，这就使得，我们对行动哲学具体问题的讨论拥有一种罗素所谓的本体论的健全的实在感。本书第二章探讨行动的说明问题，表明了行动的因果理论能重新占据主导地位很大程度上该归功于戴维森。本书第三章探讨行动的因果理论中的一个关键问题：行动与意向问题，由于每个行动至少在某个描述下是意向性的，因此，意向问题是行动哲学的关键。本书第四章主要探讨行动的因果理论的另一个重要问题：行动与非理性问题。由于行动的因果理论断言，当事人的理由就是行动的原因，但非理性的情形（包括意志软弱和自我欺骗等）却对此观点提出挑战，该章探讨了戴维森对非理性情形的阐述，表明非理性情形的说明可以纳入理性的框架之内，戴维森对非理性情形问题的解决也是他语言哲学中彻底解释立场的自然结果。本书第五章对戴维森的方法论原则进行了探讨，表明他的方法论原则和实用主义的根本立场是一致的。本书第六章对戴维森的行动说明模式进行了重构与修正，旨在表明修正后的行动说明模式可以迎接异常因果链的挑战，从而达到捍卫行动的因果理论的目的。

以下是对各章内容的进一步阐述。第一章主要讨论戴维森行动哲学的

---

① See A. Mele, "Introduction", in *The Philosophy of Action*, Oxford University Press, 1997, pp. 25–26.

形而上学基础。这一章从作为事件的行动、作为殊相的行动以及作为身体运动的行动这三方面讨论行动哲学的形而上学问题。首先，探讨了戴维森引入事件作为本体构成的主要原因，分析了其行动个体化原则前后的变化。分析表明，他主要是在本体论承诺的框架下讨论行动的形而上学问题的，这就使他更倾向讨论语言问题而不是事实问题；其次，讨论了戴维森把事件看作殊相的主要原因，认为戴维森把事件看作殊相仍然是出于语义学的要求；最后，从原始行动的概念入手，表明戴维森把全部行动归结到原始行动，从而归结到身体运动的根本理由。身体运动一旦被人视作行动时，则马上与欲望、信念与意向这些命题态度交织在一起，这就和他语言哲学中的彻底解释的立场连起来了。我们还考察了行动的时间问题，表明了戴维森对这个问题的处理方式依赖于把全部行动看作身体运动这个前提，在这个基础上，我们认为，戴维森对行动的说明可以回应托马森提出的几种行动的时间的诘难，从而有力地捍卫了行动的同一理论。

第二章主要讨论的是行动说明的问题。首先，介绍了行动的因果理论之前的两种典型的行动说明：一种是因果-法则论的说明，这种观点赞成行动说明中的"覆盖律"（covering law）；另一种是纯粹规范性-意向主义的（normative-intentionlist）。其次，探讨了戴维森的行动的因果理论的基本观点，表明作为前两种观点的调和者，他的主要贡献是恢复了行动的因果理论。再次，分析了戴维森对行动的非因果理论者的几种反驳，表明诘难者的攻击并不对行动的因果理论构成太大威胁。最后，考察了命题态度的因果力，表明戴维森通过诉诸倾向给理由留下了因果说明的空间，但这种说明同时削弱了因果说明的说明力量。

第三章研究行动与意向关系的问题，该问题和行动的说明有着密切的关系。首先，探讨了能动性问题，表明意向概念是区分行动和事件的关键，而语法和因果概念都无法起到这个作用。其次，从实践推理的角度探讨了戴维森意向观的变化。刚开始，戴维森认为在三种意向概念中，带意向行动概念最为重要。与此相应的是，他赞成亚里士多德式的实践三段论模式的说明，认为意向性行动可以还原为信念和欲望这个对子；后来，由于非理性的行动向他提出了挑战，他此时认为三种意向概念中，意图概念才是最重要的，与此相应的是，他在此时接受了行动的非演绎的实践推理模式说明。但他前后的观点并不是必然排斥的，他通过引入一个新的要素"全面的判断"把前后的观点联系起来；然后，探讨了戴维森对意向与信念关系的看法，特别分析了以下三个问题：①意向是信念吗？②意向和信念有逻辑关系吗？③意向如何制约信念？分析表明，戴维森虽然否认意向是信念,但是他并不否认两者之间存在逻辑关系——意向蕴含了"最低限度"信念的存在。而在信念制约行动的问题上,我们的分析表明,戴维森在这方面所做的工作只是提供了一个比较粗的限制,即知道当事人的信念并不能帮我们确定当事人的行动,而只能够减少可供选择的行动。这就表明,布莱特曼用将来意向必须是聚合的观点来批评戴维森是不恰当的。最后,探讨了异常因果链的问题以及一些哲学家的解决思路。三种异常因果链的情形向戴维森的行动的因果理论提出挑战,虽然戴维森自己承认对这个问题无能为力,但另有一些致力于消除异常因果链的哲学家。我们认为,这些哲学家的工作是有成效的。但是,他们所面临的共同困境就是,他们做的主要是消解性的工作,而不是一种具有前瞻性的建构工作。

第四章主要讨论行动哲学视野下的非理性情形。首先,探讨了意志软弱问题及戴维森解决这个问题的基本思路。戴维森的行动因果理论认为,行动的理由是行动的原因。于是,人们自然会认为那些最强的理由是行动最强的原因,但是,在意志软弱的行动中,人们的行动看起来却不受最强的理由制约,这似乎就说明,行动的因果理论的根基是不可靠的。为了解决这个问题,戴维森先是区分了条件判断和无条件判断,引入"pf"联结词,从形式上揭示了意志软弱的行动并不真正是矛盾的,意志软弱并不会真正威胁到行动的因果理论。戴维森后来又对意志软弱者遭遇到内在的不相容情形做了进一步探究,他通过引入自制原则及弗洛伊德式的解决思路,表明意志软弱的行动内在仍然是不矛盾的。其次,探讨了自我欺骗问题。自我欺骗问题和意志软弱问题的差异在于前者的结果是信念,而后者的结果是意向或意向性行为。同时,探讨了戴维森解决非理性问题的思路,表明了解决非理性问题的关键是接受心灵区分的观点。接受心灵区分的观点表明,当最后的行动或信念产生时,反映理性的自制原则并不和当事人选择的结果相矛盾,它只是被暂时压制在那里,但并没有成为一个反对行动的理由。最后,表明非理性的行动仍然应当被看作"理性范围中的失败"。

第五章考察了戴维森行动哲学的方法论原则。首先,探讨了他的合理性原则,表明了命题态度和语言对于该原则、合理性对于行动说明的重要性,同时也表明了戴维森的行动合理化说明并不完全令人满意。其次,探讨了宽容原则。这一节从历史背景入手,以彻底解释的立场为分析起点,表明了宽容的必要性,而对宽容的必要性的探究必然会导致对宽容原则内容——融贯原则和符合原则——的探究。这一节还考察了两种反对宽容原则的观点,从而对宽容原则进行了捍卫;然后,探讨了戴维森的又一方法论原则——整体论原则。这一节从蒯因的整体论原则入手,讨论了戴维森的两种整体论：心理整体论与意义整体论。表明了整体论原则在戴维森行动哲学领域的应用是卓有成效的，例如，通过引入心灵隔离的观点，非理性的行动和代表整体系统的原则可以暂时和平相处。但是，整体论原则只有和其他原则一起才能起到更好的作用。最后，考察了戴维森行动哲学的立场和倾向。通过对实用主义的主要观点，特别是蒯因的实用主义立场的考察，表明了戴维森的行动哲学同样显出了很强的实用主义倾向。这就使得，我们很大程度上必须从实用主义的立场去看他的行动哲学的立场。

第六章是在戴维森行动说明基础上进行的。首先，考察了金在权的"说明排他原则"，表明该原则并不真正适用于戴维森的行动说明模式，从而达到捍卫行动的因果理论的目的。其次，在前面论述的基础上，对戴维森的行动说明模式进行了重构。最后，通过引入语境的概念，在布莱特曼等人的基础上，对戴维森的行动说明模式进行了修正，表明修正后的行动说明模式可以迎接异常因果链的挑战。

最终，就专著中引用的文献及一些术语的译法以做出说明。在引用文献方面，由于专著中部分引用文献既有英文版，又有中文版，为求体例一致，我们更多地引用了英文版，同时借鉴了国内知名中文版的译法，在思路完全一致或无法找到英文版的情况下，我们也直接引用已有的中文版，有些引文有少许改动，希望有关戴维森著作的各位译者能对此表示理解。

在术语的译法方面，戴维森行动哲学、语言哲学中的一些重要概念术语已经有了一些中文译法，但是并不完全一致。我们比较倾向于那些使用较久、为大多数人所接受的译法。但是，出于准确性和相关性的考虑，我们也采纳了一些相对新的译法。下面是简单的情况说明：

（1）"agent"，"agency"。在本书中，"agent"这个词在大多数情况下都被翻译为"当事人"，有时也被翻译为"行为者"或"行动者"，该词的译法很大程度上随语境变化而定；与之有密切联系的词"agency"则一般被译为"能动性"。

（2）"truth"。在戴维森哲学文献中，"truth"一词更多时候被译为"真理"，有时又被译为"真"。出于语义学的考虑，本书大多数情况下都采用"真"的译法，但在研究过程中，我们参考的许多戴维森译作都采纳的是"真理"的译法，为求体例一致，本书引用中译本时常常把"真理"改成"真"。希望原译者不会因此而介意。

（3）"radical interpretation"。在已有的文献中，这个词组经常被翻译为

"彻底（的）解释"①，有时也被翻译为"原始解释"②。另外一方面，由于这个词组和蒯因的"radical translation"有着天然的联系，但蒯因的这个词组的中文译法也并无定论。③ 在本书中，我们接受"radical interpretation"为"彻底解释"的译法，但同时从字面上看，这个词组容易招人误解，似乎表明这个解释甚至要在每一个最细微的地方都是完全一致的。因此，当使用"彻底解释"这个译法时，其实是包含了"原始解释"这个意思的。

---

① ［美］戴维森：《彻底的解释》，见《真理、意义、行动与事件——戴维森哲学文选》，牟博编译，第62-80页；江怡：《现代英美分析哲学》第九章第三节，第823-831页。
② 叶闯：《理解的条件——戴维森的解释理论》，商务印书馆2006年版，第4页。
③ 陈波所著的《奎因哲学研究——从逻辑和语言的观点看》第五章把这个短语翻译为"原始翻译"，而由陈启伟等人翻译的《语词和对象》一书第二章则把这个短语翻译为"彻底翻译"。

第一章 行动的形而上学

本章探讨戴维森行动哲学的形而上学基础。此处所用的形而上学一词并不特指亚里士多德意义上的不可见事物，它的意义更为宽泛，"按照当代分析哲学家们的观点，形而上学的任务应当是这样的：研究作为存在物的存在物或存在物本身，或者说存在物就其本身而言（或者说在其存在范围内）所具有的那些属性"[①]。具体到戴维森的行动哲学方面，它的形而上学问题主要是：行动是事件吗？如果是，为什么？怎样界定事件的个体化原则？事件和物质物体哪个更基本？行动是殊相吗？为什么？能把行动归结为更基本的东西吗？如果能，更基本的东西是什么？行动和身体运动是不是一回事？本章依次考察戴维森对这些问题的解答，并进一步说明其意义所在。

第一节 作为事件的行动

一、引入事件

我们先从安斯康的问题开始："一个人（意向性）地挥动手臂、操作抽水机、给供水系统补水、毒害居民，我们会说他在实施四个行动吗？或者说，仅仅是一个行动吗？"[②] 她自己的答案是，这是四个不同描述下的同一个行动。[③] 戴维森接纳了安斯康的区分。现在进一步的问题是，这些不同的描述指的到底是什么？当然是行动，但行动又指的是什么？安斯康对此并没有进行更多的探究。

---

① 韩林合：《分析的形而上学》，商务印书馆2003年版，第14页。
② G. E. M. Anscombe *Intention*, Cambridge, Mass.: Harvard University Press, 2000, p. 45.
③ Ibid., p. 46.

行动是什么？这是行动哲学的一个核心问题。奥卡姆剃刀告诉我们，"除非必要，勿增实体"。戴维森把事件看作具体、可记载的出现。因此，在这个意义上行动是事件。他在《行动的副词》一文中这样开头："行动是事件，而且，我们用来谈论行动的大多数语言手段都广泛用于事件。"① 例如，去看电影、打球以及上学这些行动都是存在于时间空间的位置的事件。如果戴维森要引入事件为本体论构成，他必须说清楚其必要性。下面，我们将以戴维森的《事件的个体化》(1969)为基础，结合一些相关的文献对此进行探讨。戴维森给出了三个引入事件的理由。

(1) 如果我们不设定事件的存在，那么日常关于世界的断言有非常大的一部分不可能是真的。一种令人满意的行动理论必须设定行动（一类事件）的存在，否则我们就不能理解下面的谈话："琼斯设法通过说'我道歉'来道歉；但只是因为，在恰当情形中，说'我道歉'才是道歉。"② 由此可以推出，人们虽然可能在许多场合说出"我道歉"，但都可能不是道歉。例如，一位小学生在背课文，即使他声情并茂，也不意味着他要向谁道歉；一位演员在背台词时说"我道歉"，也不意味着有跟他话语相应的事件出现。与此同时，如果一位形而上学家要承认诸如"维苏威火山于1944年3月爆发"或"恺撒越过卢比肯河"这类语句是真的，那么，他就必须接受这样的事件的存在（或许）乃至人或山的存在。③

(2) 戴维森论证说，如果不设定事件，我们将不能理解说明和因果：

> 上周，这个村庄发生了一场大灾难。在解释灾难为什么发生的过程中，我们需要对之进行再描述，或许，是作为一次雪崩描述的……而且，当我们以一种或另一种方式提及这次雪崩的原因时，显然，我们会宣称，即使我们不知道有这样一个描述，这样一个规律，一定存在原因和雪崩的描述，这些描述例示了一个真的因果律。似乎只有假定了描述和再描述的真实实体的存在，所有这些描述和再描述的谈话才都是有意义的。④

如果不设定事件，在戴维森看来，我们根本无法对说明和因果给出令人满

---

① Davidson, "Adverbs of Action", in Vermazen, B., and Hintikka, M. B (ed.), *Essays on Davidson: Actions and Events*, Oxford University Press, 1985, p. 230.
② Davidson, "The Individuation of Events", *EAE*, pp. 164–165.
③ 参见[美]戴维森《真理、意义、行动与事件——戴维森哲学文选》，牟博编译，商务印书馆1993年版，第149页。
④ Davidson, "The Individuation of Events", *EAE*, p. 165.

意的描述。

（3）最后，但也是最重要的理由，是出于对行动句的逻辑形式的考虑。在《真与意义》（1967）中，尽管他"对于从形式上表征真之谓词的可能性持乐观态度，并有一个纲领性的看法"①，但他承认依然存在一些不易解决的困难，"我们不知道……和因果关系相关的语句的逻辑形式；我们不是很了解副词的逻辑作用是什么……"② 而对这两大难题的探讨和解决则主要体现在《行动句的逻辑形式》（1967）一文中。

在讨论行动句的逻辑形式的过程中，戴维森确定了事件的本体论地位。戴维森在《行动句的逻辑形式》（1967）一文的开头对其目的做了描述：

> 本文旨在试图直接获得关于行动的简单句的逻辑形式。我打算对这类语句中的组成部分或语词的逻辑作用或语法作用提出一种解释，这种解释既与这类语句之间的衍推关系相容，又与人们关于其他的（非行动）的语句中的同样的组成的部分或语词的作用的知识相容。③

根据戴维森的真值条件语义学，行动句"琼斯往面包上抹油"一个可能的真值条件就是：

（1）"琼斯往面包上抹油"是真的当且仅当琼斯往面包上抹油。

在这个句子中，并没有形而上学的假定，我们并没有设定"琼斯往面包上抹油"的事件的存在。但是，一旦对语言进行进一步的解释时，我们就要求对语言和实在的关系给出解释。这样，就从语义方案转到了形而上学的观点来了。戴维森承认，真理论并不因此具体规定哪些事件是存在的。但他进一步说：

> 然而，倘若我的关于涉及变化的语句的逻辑形式的看法是正确的，那么，除非存在事件，否则，在那些有关变化的很普通的语句种类中便不存在真语句。并且，如果没有关于变化的真语句，也就没有关于

---

① Davidson, "Truth and Meaning", *ITI*, p. 34.
② Ibid., p. 34.
③ ［美］戴维森：《真理、意义、行动与事件——戴维森哲学文选》，牟博编译，商务印书馆1993年版，第220-221页。

变化的对象的真语句。①

因此,"琼斯往面包上抹油"是真的当且仅当曾存在琼斯对面包实施的一次抹油;即对某事件 e 而言,e 是琼斯对面包实施的一次抹油。沿着这样的思路,戴维森认为我们有必要引进事件,并对之进行量化。但是戴维森认为,在现代逻辑中,还没有专门的处理事件的工具,特别是没有满意的处理包含副词的行动句的衍推关系的方法。② 试看下面的三个句子:

(2) 琼斯往面包上抹油。
(3) 琼斯在浴室里往面包上抹油。
(4) 琼斯于深夜在浴室里拿着一把刀往面包上抹油。

从(4)至(3)、(3)至(2)的推理显然是有效的。但是,该如何说明这些行动句的推理关系呢?或许人们会想到,可按最常见的一阶逻辑的方法形式化。令 x 指琼斯,y 指面包,z 指浴室,v 指深夜,w 指一把刀。(2)、(3)、(4)可按下面的方式进行形式化:

(2') K^2(琼斯,面包),

其中,K^2(x, y)指"x 往 y 上抹油"。大写字母 K 右边的上标指谓词中主目位的数目。现在我们可对(2)加以扩展,给谓词插入另外一个主目位来说明带状语的行动句,因此,(3)可形式化为:

(3') K^3(琼斯,面包,浴室)

其中,K^3(x, y, z)指"x 在 z 处往 y 上抹油"。通过类似的方式,我们可对(4)进行形式化,它包含五个主目位:

(4') K^5(琼斯,深夜,刀,面包,浴室)

其中,K^5(x, v, w, y, z)指"x 在 v 时 z 处以 w 往 y 上抹油"。这种量化

---

① [美]戴维森:《真理、意义、行动与事件——戴维森哲学文选》,牟博编译,商务印书馆 1993 年版,第 149 页。

② Davidson, "The Individuation of Events", *EAE*, p.166.

的形式不仅累赘,而且,在一阶逻辑中,

$$K^5(x, v, w, y, z),因此,K^2(x, y)。$$

这样的推理形式并不是有效的。因为它们包含不同的谓词,所以没法解释它们之间的衍推关系。因此,要对行动句的衍推关系给出一个合理的说明并非易事。同时,这种说明要求我们引入大量的备用位置,戴维森不赞成采用这种方法。他同意肯尼的观点,认为我们不能把行动动词视作包含大量备用的位置。[①]

戴维森认为,行动句的逻辑形式关键在于动词和副词,特别是副词。在《行动语句的逻辑形式》(1967)中,他归结了三类副词:第一类包含意向归属,如"有意地";第二类包含属性,如"缓慢地",修饰动词对一个行动的描述;第三类指时间、地点以及手段。但他认为,现代逻辑中并没有一种合适的逻辑工具处理副词,为了解决这个问题,他引入了一个额外的主目位,把副词形容词化。下面我们从不带副词的行动句开始分析戴维森的处理方式:

(2) 琼斯往面包上抹油。

我们已经看到,按 $K^2(x, y)$ 这种方式是说不清楚衍推关系的。为了解决这个困难,戴维森借鉴了弗雷格关于时间联结词量化的解决方式,弗雷格认为,涉及时间联结词的句子隐含着时间的本体论。[②] 例如,"在杰克被摔破头之前他跌倒了"是真的当且仅当存在一个时间 t 并且存在一个时间 t',使得杰克在 t 时跌倒了,t' 时被摔破了头,并且 t 在 t' 之前。如果采用这种形式的话,则对时间的存在性做出了承诺。而它必然也会影响到相关的其他语句,例如,"杰克跌倒了"是真的当且仅当存在一个时间 t,使得杰克在时间 t 跌倒。与此相仿,戴维森引入了一个额外的主目对事件做了本体论承诺,同时,对副词进行了形容词化的处理。例如,在句子(2)中,抹油可以分析成一个三位谓词。它的形式可以这样给出,((x)(抹油(琼斯,面包, x))(可读作,存在一个事件 x,使得 x 是琼斯对面包实施的一个抹油的行动)。对存在副词的行动句,可采用相应的方式,同时对副词进行形

---

① 参见[美]戴维森《真理、意义、行动与事件——戴维森哲学文选》,牟博编译,商务印书馆1993年版,第223页。

② 同上书,第145–146页。

容词化处理。例如，上面提到的句子：

(4) 琼斯于深夜在浴室里拿着一把刀往面包上抹油。

可以分析成：((x)(抹油(琼斯，面包，x) & (x 是在深夜) & (x 是以一把刀) & (x 是在浴室)。通过这种处理，像从（4）到（2）这样的衍推关系就很容易解释了。当然，这样做的代价是引入了一个额外的主目位。这种引入事件的本体论框架显然是不经济的，戴维森也承认这一点，但是，他认为到目前为止这种方式已经基本为人所接受。其关键是，我们必须重视事件，把它们看成是世上构成物中的一部分，特别地要把行动看成是一类事件。

戴维森相信，他的工作有助于我们理解言语行动（speech act）①，因为他给这种观点提供了一些语义学的支持。② 说话就是做事，这种观点始于奥斯汀，但却可追溯至后期维特根斯坦。早期维特根斯坦曾经认为，语言是世界的一面镜子，这显然是一种静态看待语言的观点。后期维特根斯坦批判了这种狭隘的语言观，即认为语词是事物的名称或者语词和事物具有一一对应的"奥古斯丁图画式"的观点。他意识到，语言具有意义和人的行动是不可分离的。他说："我还将把语言和活动——那些语言编织成一片的活动——所组成的整体称作'语言游戏'。"③ 这种"语言游戏"说的观点对奥斯汀（John Austin）造成了很大的影响。他发展了这种观点，提出"说话就是做事"的观点。奥斯汀对说话行为进行了分类，它们分别是："以言表意的行动"（locutionary act）"以言行事的行动"（illocutionary act）以及"以言取效的行动"（perlocutionary act）。

前面的分析已经说明，戴维森向我们揭示了行动句和行动的区别，诸如"我命名这艘船为女王号"这样的句子并没有指单称词项，对其逻辑结构的分析可以很轻易地看出这一点：((x)(命名(我，这艘船，女王号，x))（可读作：存在一个事件，使得该事件是我正在命名这艘船为女王号的行动）。奥斯汀断言，在说出一个句子时，一个人履行了许多行动。而戴维森也断言，一个行动可有不同的描述。例如，当我说出"我命名这艘船为

---

① 此术语一般被翻译为"言语行为"，在此处译为"言语行动"，意在强调它和其他行动的相关性。

② Davidson, "Intellectual Autobiography", in Hahn, Lewis Edwin (ed.), *The Philosophy of Donald Davidson*, *Library of Living Philosophers* XXVII, Chicago: Open Court Publishing Company, 1999, p. 38.

③ ［英］维特根斯坦：《哲学研究》，陈嘉映译，上海人民出版社2001年版，第8页。

女王号"时,关于我的言语行动可有不同的描述:①我之命名;②我之在给这艘船命名;③我之正在命名这艘船为女王号。

根据戴维森的理论,"通过命名这艘船为女王号,我使你惊奇"这样的句子同样不指单称词项,它可以分析为:"存在两个事件,x 和 y,使得 x 是我之一次命名这艘船为女王号,y 是你之一次惊奇,我是 x 的当事人,并且 x 引起 y。"如果我通过命名的行动让你感到吃惊,我的行动既可以描述为以言行事(我之命名的行动),又可以描述为以言取效(我之让你吃惊的行动),但实际上,此二类行动实际上指的是同一个行动,因为我只做了一件事情,其他都是行动的自然结果,当人们用结果对我的行动进行再描述时,改变的只是描述,而不是行动本身。戴维森行动句的语义学揭示了这一点。

戴维森对自己处理副词的方式信心十足,他相信,这种方式已经被逻辑学家、哲学家以及对自然语言语义学感兴趣的语言学家广泛接受。① 但是,哈克(Susan Hack)借用卡杰尔的观点提出质疑,"为什么一个谓词和它的状语修饰形式之间的联系一定要被假定是一个形式上的问题而不是内容上的问题?卡杰尔指出,人们应该把什么东西看作骨架,把什么东西看作血肉,这并不像戴维森所想象的那么明显……"②。

在逻辑形式方面,许多哲学家也不接受戴维森对行动句的分析,他们认为,一些副词只能做状语,而不能做谓语。如果我们对之进行这样的改造,必将导致无意义或自相矛盾的结论。例如,命题"甲在除夕经常喝醉"不能按戴维森的方式处理,因为它没有蕴涵"甲经常喝醉"。③

二、事件的个体化

即使戴维森有充分的理由把事件引入本体论的构成中,他也必须说清楚事件的个体化问题。戴维森断言,行动是事件。因此,对行动个体化的研究离不开对事件个体化的研究。对行动的研究涉及行动和非行动、行动和行动之间的区别。后者就是行动的个体化问题。到 20 世纪 70 年代末,人们对行动个体化的关注总共分为三种观点:精细(fine-grained)的观点、粗糙(coarse-grained)的观点以及复合(componential)的观点。④ 第一种观点认为,如果当事人履行行动时,他说明的是不同的行动特性,那么,这些

---

① Davidson, "Aristotle's Action", *TLH*, p. 285.
② [美]苏珊·哈克:《逻辑哲学》,罗毅译,商务印书馆 2003 年版,第 122 页。
③ 参见韩林合《分析形而上学》,商务印书馆 2003 年版,第 204 - 205 页。具体例子可参看此书。
④ A. Mele (ed.), "Introduction", in *The Philosophy of Action*, Oxford University Press, 1997, p. 2.

描述应该被看作不同的行动。这样，如果我伸手推门，我之伸手和我之推门就应该看作不同的行动，因为这两个描述的行动特性是不同的。第二种观点则把我之伸手跟我之推门看作两个不同描述之下的同一行动。第三种观点则认为，我之开门的行动有不同部分，包含我之伸手、我之推门以及门之移动等。复合的观点认为，一个"较大的"行动是由"较小的"行动作为部分构成的。

戴维森对行动个体化持第二种观点（即所谓粗糙的观点）。他赞成安斯康关于同一行动有不同描述的观点。但是，在上面的例子中，该如何判断"我之伸手"和"我之推门"这两个不同的描述指的是不是同一个行动呢？更麻烦的是，有时候我们的行动在某种描述下是意向性的，而在另外一种描述下却是非意向性的。下面是戴维森举的一个例子：我按一下开关，打开了灯，照亮了房间，同时，我还无意中向小偷发出了一个警示，即我正在家中。在这里，对行动的描述有四个不同的描述。① 要判断这些事件的描述是否指同一个行动，我们需要有个体化原则（同一性法则）来衡量它。

"所谓个体化，就是指明一事物独有的一个特点，从而将这个事物与同类的其他事物区分开来。"② 莱布尼茨把不可分辨物的同一性作为个体化原则提出来，他论证说，如果两个东西具有完全相同的特性，那么这两个东西在数目上就是同一的。这个原则意味着，各事物之间存在差异是因为其独特的性质，正因为如此，他才断言世界上没有两片相同的树叶。不过，在个体化问题上，影响戴维森最深的却是蒯因。蒯因有时用分离指称（divided reference）来表示"个体化"。③ 他说：

> 同一性与指称分离（dividing of reference）密切相关。因为指称的分离即在于同一性条件的确定；到哪种程度你拥有的是同一个苹果，而什么时候你发觉它是另一个苹果了。④

根据蒯因所说，那种认为掌握了苹果的复数形式（apples）去表示一堆苹果（a heap of apples）时，就等于已经掌握了分离指称的观点是错误的，这是因为，人们很可能只是把"apples"当作另一个物质名词，恰好用于一堆苹

---

① Davidson, "Actions, Reasons, and Causes", *EAE*, p. 4.
② [英]尼古拉斯·布宁、余纪元：《西方哲学英汉对照辞典》，人民出版社 2001 年版，第 807 页。
③ [美]蒯因：《语词和对象》，陈启伟等译，中国人民大学出版社 2005 年版，第 133 页。
④ 同上书，第 123 页。

果那么多的苹果。要掌握普遍词项的真正分离指称：

> 唯一的办法就是使他加入我们精心安排用得上"that apple"（那只苹果）、"not that apple"（不是那只苹果）、"an apple"（"一只苹果"）、"same apple"（"同一只苹果"）、"another apple"（"另一只苹果"）、"these apples"（"这些苹果"）这类词的谈话。①

蒯因认为，本体论合法的对象都是能个体化的实体，也就是说，实体必须拥有能接受的个体化原则。如果达不到要求，则不应接纳其为本体构成，例如可能个体。他指出：

> 例如，考虑在那个门口的可能的胖子；另外，再考虑在那门口的可能的秃子。他们是同一个可能的人还是两个可能的人呢？我们怎样判定呢？在那个门口有多少可能的人呢？可能的瘦子比可能的胖子多吗？他们中有多少人是相似的？或者他们的相似会使他们变成一个人吗？这样说和说两个事物不可能是相似的，是一回事吗？没有任何两个事物是相似的吗？最后，是否同一性这个概念干脆就不适于未现实化的可能事物吗？但是谈论那些不能够有意义地说它们和自身相同并与彼此相异的东西究竟有什么意义呢？②

蒯因对这类内涵实体深恶痛绝。相反，他提出了"没有同一性就没有实体（no entity without identity）"这个口号。蒯因的这个标准可认为是一个理论的本体承诺的认可标准，即它既能确认同一类事物中的不同个体，又要能够确认某一类中的某一个体在不同的时间、地点是不是同一个体。他说：

> 一般说来，我们可以提出不可区分的东西的同一性原理：在一给定的话语的语词中，彼此不可分辨的对象应当解释为对这个话语是同一的。更确切地说就是，为了这个谈话的目的，对原初对象的指称应当重新解释为指称其他的、较少的对象，其方式是不可区分的原对象每个都被相同的新对象所代替。③

---

① ［美］蒯因：《语词和对象》，陈启伟等译，中国人民大学出版社2005年版，第98页。
② ［美］蒯因：《从逻辑的观点看》，江天骥等译，上海译文出版社1987年版，第4页。
③ 同上书，第65页。

在蒯因精神的影响下，戴维森对事件的个体化原则进行了探讨。如果戴维森的本体论框架要引入事件作为构成物的话，他就应该能设定事件这样实体的同一性标准。戴维森在《事件的个体化》一文中尝试性地探讨了事件个体化的原则：

$$x = y \text{ 当且仅当 } (z)((z \text{ 引起 } x (z \text{ 引起 } y) \text{ 且 } (z) (x \text{ 引起 } z (y \text{ 引起 } z))①$$

他试图表明，事件是同一的当且仅当它们恰好有相同的原因和结果。这个定义告诉我们，对事件的确认是通过因果来进行的，但显然，对原因和结果的说明只能用进一步的事件说明。这样，不能说这个定义一定是错的，但里面似乎暗含了一种循环。他也承认了这一点，但他认为，这不是一个循环定义，因为在定义中，没有相同的符号。②

戴维森给出的这个标准受到了许多批评。安斯康说：

> （戴维森的事件个体化原则）无助于解决戴维森和高曼（Alvin Goldman）等人之间的分歧；戴维森会说，约翰之说话与约翰之大声说话（因为它们是相同的事件）就满足这个条件，但另一个则否认这一点。③

实际上，这并不是很奇怪的事情。几乎每个不同的事件理论都有自己的事件个体化原则，仅仅想依靠某个事件个体化原则来解决不同的争议是不现实的。戴维森的事件个体化原则更主要是为其事件本体论服务的。他说："在我们热情地接纳事件本体论前，我们需要更成熟、更认真地考虑事件个体化的原则。"④ 他还说："本文可以看作是对事件作为一个根本的本体论范畴的构成的一个非直接的辩护。"⑤ 换言之，戴维森更关心的是，我们是否有道理接纳事件为我们的本体论构成。

另一个有力的批评者是蒯因。蒯因指出了戴维森事件同一性标准暗含

---

① Davidson, "The Individuation of Events", *EAE*, p. 179.
② Ibid., p. 179.
③ G. E. M. Anscombe, "Under a Description", *The Collected Philosophical Papers of G. E. M. Anscombe (Vol. II): Metaphysics and the Philosophy of Mind*, Minneapolis, Minn.: University of Press, p. 217, 1981. From Wan-Chuan Fang, *A Study of Davidsonian Events*, p. 27.
④ Davidson, "Criticism, Comment, and Defence", *EAE*, pp. 136–137.
⑤ Davidson, "The Individuation of Events", *EAE*, p. 180.

的循环气息，同时，他给出了自己的事件同一性标准：事件是同一的当且仅当它们在同一时刻同一地点发生。大致可用下面的符号来表示：

($\forall e \forall f$)（e=f 当且仅当 e 和 f 有相同的时空特性）

戴维森最初是反对这种建议的，因为他认为我们很难准确地确定事件的边界或其所处的空间位置，例如："如果一金属球在某一时刻变热，同时，它旋转了35度，我们必须说这些是同一事件吗？"① 同样，如果某个人一边走在大街上，一边吹口哨，按照这个标准，它们也就必须是相同的事件了。

但是，他后来意识到，在金属球的例子中，我们可把球的旋转和球的变热看作相同的东西，只要我们认识到在那个时期，这两个事件和构成粒子历史上的同一。他承认蒯因的标准更简洁、更恰当。当然，蒯因的事件同一性标准有一种使"事件"物理对象化的倾向，似乎难以把物理物体和物理事件分开。因为他认为物理对象不仅有空间部分，也有时间部分。蒯因说：

> 一个物理对象，就我使用这个术语广义而言，是时空任何部分的物质内容，不管有多小、多大、多不规则和多不连续。我一直是在这个意义上使用的。②

戴维森有保留地接受了蒯因的标准。和蒯因不同的是，他拒绝把事件对象化。尽管从表面上看，要把事件和对象区别是非常不容易的，但戴维森坚持对象和事件的区分有自己很深的形而上学考虑。对于事件和对象而言，即使它们占有相同的时空位置，它们也不必是同一的。这是因为，事件和对象可以通过不同的方式联系起来，例如，我们可以说，事件在某时某地发生，而对象则占有地方。当然，这实际上是很难区分的。例如，如果海面上形成一个浪头，那么从大海的角度看，这个浪头是一个事件；但是，就其本身而言，它也是一个对象，因为在其内容不断变化的同时，它的形状基本不变。因此，戴维森认为，尽管事件和对象都可以说是时空区域的内容，但是它们并没有因此而成为一个东西，因为前者是后者中的变化，后者则是经历变化而持存的东西。尽管有时在具体的情景下难以区别，但

---

① Davidson, "The Individuation of Events", *EAE*, p. 178.
② W. V. O. Quine, "Events and Reification", *in Actions and Events: Perspectives on the Philosophy of Donald Davidson*, Oxford: Basil Blackwell., 1985, p. 167.

是从我们的述谓、从我们的基本语法、从我们的分类方式来说，它们是存在区别的。

从上面的描述中，我们可以看到，戴维森关于事件个体化原则的观点有所变化。提出事件个体化原则至少有两种方式：一种是还原的，另外一种是非还原的。由于戴维森坚持事件是世界本体的基本构成的观点，因此，事件不能还原成更基本的东西，例如物质对象。我们注意到，尽管戴维森在《事件的个体化》一文中给出的事件个体化的标准涉嫌循环，但并不能因此就说他错了，相同原因、相同结果的标准的确告诉了我们一些关于事件的重要信息。它把事件放入具有因果关系的概念空间。这就足以把事件和其他本体概念区别开来。

当然，这条原则作为个体化原则是不够的，因为它的确没能告诉我们所需要的更多的东西。这也是戴维森为什么接受蒯因原则的主要原因。与此同时，我们也有理由相信，戴维森在接受蒯因的个体化原则时，并没有真正放弃这条原则，其中一个重要原因是，他更关心的是形而上学的问题而不是认识论的问题。

三、对戴维森行动观的诘难

一种诘难是：行动非事件。这种釜底抽薪式的诘难来自巴赫，他考察了行动个体化、行动的时间、行动的地点以及行动进入因果关系的方式这些行动理论的传统难题，认为这些难题的根源在于行动是事件这个前提，为了避免这些难题，我们最好放弃行动是事件的观点。巴赫认为，行动就是引起（bring about）一个事件，它应被看作一种为当事人和事件之间的引起关系的例示。[①] 我们没有看到戴维森对巴赫的文章做出专门的回应，但我们注意到，他对巴赫提到的难题均有较详细的论述。[②]

第二种诘难是：事件不应该被置于本体论优先的地位。这种诘难来自斯特劳森。斯特劳森并不反对事件是我们本体论的构成部分。他首先承认，物体和事件之间有相互依存性，但是，物质对象更加基本。他也承认，有一些事件的识别无须明确依靠物体，它们可以通过指示性指称（demonstrative reference）的方式来提及，如"那声尖叫""那道闪电"以及"那个可怕的噪音"等。同时，斯特劳森也承认，无须提及对象来说明事件的情形

---

① Kent Bach, "Actions are not Events", *Mind*, New Series, Volume 89, Issue 353 (Jan., 1980), pp. 114 – 120.

② 戴维森对这些问题的回应可参看本章与第二章。

是极为有限的,因为,他认为事件没有提供"一个单一的、全面的、可以连续使用的框架"①。进一步来说,从概念上看,斯特劳森认为事件的概念依靠的是对象的概念。例如,我们所拥有的出生的概念依靠的是动物的概念,没有后者,前者将不能得到明确说明。

斯特劳森从他的物质对象和人是基本殊相的观点出发,得出了对象概念和事件概念派生之间的非对称关系。关于事件概念依赖于对象概念这一点,戴维森并无异议,他也承认,在所有情形中,事件概念信赖于物体变化的思想。但是,他对斯特劳森关于对象概念不依赖于事件概念的观点提出质疑。根据斯特劳森,我们可以在谈论对象的过程中消掉事件,因此,无须量化、提及事件。② 例如,

(1) 存在一个事件,使得这个事件是该动物的出生。
(There is an event that is the birth of this animal.)

在这个例子中,斯特劳森认为,它们可以改为:

(2) 该动物出生了。(This animal was born.)

但是,在关于事件的谈话中,我们却不能以同样的方式消去对象。斯特劳森在讨论预设时采用了一个相关的论证,③ 例如,

(3) 使约翰眩晕的一击是由彼得做出的。
(The blow which blinded John was struck by Peter.)

在这个例子中,斯特劳森认为,这个句子预设了"约翰存在""彼得存在"以及"彼得对约翰施加的一击"为真。但是,在这三个预设中,斯特劳森认为,最后这个预设仅仅表达的是:

(4) 彼得袭击(struck)了约翰。

---

① [英]斯特劳森:《个体——论描述的形而上学》,江怡译,中国人民大学出版社2005年版,第34页。
② 同上书,第33页。
③ 同上书,第143页,译文有少许改动。

因此，把一击看作和约翰、彼得一样的实体似是不恰当的。因此，我们同样可以得出结论，在某种意义上，事件并不是必不可少的，但是，对象则一定是不可或缺的。

从斯特劳森上面的论证我们可以看出，斯特劳森认为像（1）和（2）表达的东西是不同的：（1）说明的是出生的事件；而（2）说明的却不是关于出生的事件。这一点对于戴维森来说是很值得怀疑的。而把明显含有事件词项的句子改为不带事件词项的句子似乎没有真正说明非对称性的问题。这是因为，如果不设定"出生"或"一击"这样的东西，像（2）和（4）这样的句子就难以得到很好的理解。和斯特劳森观点相反，戴维森对那些表面看来不含事件词项的行动句进行了改造，引进了一个额外的事件位。例如，（2）、（4）可以分别改写成：

(5) ((x)（出生（该动物，x))
（可读为，存在一个事件 x，使得 x 是该动物出生的事件。）
(6) ((x)（袭击（彼得，约翰，x))
（可读为，存在一个事件 x，使得 x 是彼得对约翰实施的袭击的事件。）

显然，（5）和（1）、（6）和（4）是一致的。我们上面的分析表明，戴维森和斯特劳森的分歧不在于事件应不应该成为本体论的构成部分，而在于事件概念和对象概念的关系是不是对称的。斯特劳森论证的关键是，我们对概念真理"每一个动物都是生出来的（was born）"的基本理解，包含了对被生（being born）这个概念的理解；但并没包含对作为个体的殊相"出生（birth）"概念的理解。而对于戴维森来说，单称词项"这个动物的出生（the birth of this animal）"确实表达了某一个事件；但是，句子"这个动物出生了（This animal was born）"却没特指某一个事件。

不过，即使斯特劳森的论证是合理的，他也会面临一个如何说明副词的逻辑作用的问题。这体现出了斯特劳森和戴维森的一些差异，戴维森引入事件作为本体论构成的根本原因来自他的哲学总体立场，因为和弗雷格、罗素一样，戴维森也是一位试图融逻辑、语言、本体论一体的哲学家。因此，即使作为本体论基本构成的事件被认为有不经济之嫌，戴维森仍然相信这代价是值得的。

第二节　作为殊相的行动

共相、殊相之说由来已久，可以追溯至柏拉图。柏拉图比较了共相和殊相。他的形相论（也译为理念论）被认为是对共相问题最初、最深入的讨论。在他之后，亚里士多德则从主谓关系讨论了共相问题。在柏拉图、亚里士多德之后，关于共相的性质和地位的争论贯穿整部哲学史。其中一个非常重要的哲学争论就是唯实论和唯名论之争。根据《西方哲学英汉对照辞典》，"唯实论认为，共相是独立于心灵的客观实在，在原则上能体现于或个体化于许多不同的事物中"①。而"唯名论主张，共相不是客观实在，而只是一个通名或谓词"②。唯名论的当代代表人物之一（主要指早期，在某种程度也包括后期）蒯因的表述与此类似，他认为，唯名论"根本反对承认抽象的东西，甚至也不能在心造之物的有限制的意义上承认抽象的东西"③；而实在论则是"主张共相或抽象物独立于人心而存在，人心可以发现但不能创造它的柏拉图学说"④。

唯名论的主要依据是著名的"奥卡姆剃刀"，即"除非必要，勿增实体"。蒯因提出了和奥卡姆剃刀相一致的简单性原则：如果两个理论在概念上能达到同样的效益，而其中之一所承诺的实体较少，那么该理论就是所要选择的理论。在后期，蒯因在《语词和对象》阐释了把类引入本体论的理由，除了承认物理对象外，也承认像类这样的抽象实体是数学必需的。但他依然否认属性、关系、函数的存在，他也不承认所谓的事实，认为像"扣动扳机与杀人是同一实体吗"这样的问题是没有答案的。

这一节将讨论戴维森的行动作为殊相的观点，由于行动是事件，而且戴维森的相关观点更多时候是蕴含在事件的相关讨论中，因此这一节不对事件和行动做严格的区分，当讨论事件时，我们的着眼点是行动。

---

① ［英］尼古拉斯·布宁、余纪元：《西方哲学英汉对照辞典》，人民出版社 2001 年版，第 1039 页。
② 同上书，第 1039 页。
③ ［美］蒯因：《从逻辑的观点看》，江天骥等译，上海译文出版社 1987 年版，第 14 页。
④ 同上书，第 13—14 页。

一、事件作为殊相的基本观点

在上一节,我们讨论了戴维森引入事件的原因以及他的行动(因此也就是事件)个体化原则。但即使人们相信戴维森给出了基本可行的事件个体化原则,他们依然会追问,在本体论框架中,事件应当被看作什么东西呢?戴维森认为,它们不应被看作共相(universals),而应被看作不可重复的殊相(particulars),即"具体个体"(concrete individuals)。[①] 说事件作为殊相意味着什么呢?我们先来看看一些哲学家的经典论述。罗素把殊相定义为"这样一个事物,它只是作为主谓关系中的主词或作为一种关系的一端而进入复合体,而其自身不作谓词或联系"[②];斯特劳森在《个体——论描述的形而上学》一书中对殊相概念的使用和传统一致,"历史事件、物质对象、人以及他们的影子都是殊相;而质量和属性、数字、种类则不是殊相"[③]。

戴维森对殊相概念的理解和传统哲学是一脉相承的。在广为接受的众多殊相中,物质对象最不为人质疑,事件的接受程度要弱一点。因此,他在《作为殊相的事件》(1970)一文的开头中提出这样一个问题:"事物有变化,但有变化这种东西吗?"[④] 他的答案是:"在思想上,我们的语言不仅通过提供恰当的单称词项,而且通过定冠词与不定冠词、分类谓词、计数、量化以及同一性陈述的完整系统支持变化之存在;似乎所有的工具都是关于指称的。"[⑤] 他接着断言,我们接受的本体论应把事件看作不可重复的殊相("具体个体")。[⑥] 按照这种说法,诸如"第二十届奥运会""恺撒之死"这些事件指的都是殊相。

在戴维森的本体论框架中,事件本身不是物质对象,但对物质对象的讨论却离不开事件概念。事件和对象的概念之间存在一种相互依赖的对称关系。例如,一匹马(物质对象)是一个殊相,与之相应的这匹马的出生(物质对象对应的事件)也是一个殊相。后者便是作为事件的殊相。

---

① Davidson, "Events as Particulars", *EAE*, p. 181.
② [英]罗素:《罗素文集》,第七卷,第56页。转引自《西方哲学英汉对照辞典》,人民出版社2001年版,第729页。
③ [英]斯特劳森:《个体——论描述的形而上学》,江怡译,中国人民大学出版社2005年版,第8页。
④ Davidson, "Events as Particulars", *EAE*, p. 181.
⑤ Ibid., p. 181.
⑥ Ibid., p. 181.

在上面，我们介绍讨论了戴维森的事件－殊相观的基本观点，但是，我们注意到，戴维森的正面观点主要是在回应齐硕姆时提出来的，因此，我们在下一部分将对此做出更多阐述。

二、对齐硕姆事件作为共相观点的回应

齐硕姆的事件－共相观主要参见于《事件和命题》（1970）和《再谈事态》（1971），戴维森的观点很大程度上是在批判齐硕姆的过程中展现出来的。我们在此处讨论的主要是以下两个问题：事件的再现问题，事态概念能否替代事件概念的问题。

（一）事件的再现（recurrence）问题

和戴维森的观点恰恰相反，齐硕姆断言：事件是共相。[①] 齐硕姆认为，"任何事件理论都必须考虑到再现的事实——即存在一些再现或发生过不止一次事件的事实"[②]。他这样解释事件的再次发生：一个事件再次发生，当且仅当这个事件发生，此后它的否定发生，并且此后它又发生。例如，前天张三掉进湖里，昨天张三没掉进湖里，今天张三又掉进湖里，第三个事件就是事件的再次发生。他认为，戴维森的事件观不能处理这种事件再现的事实，因此无法解释前后事件的关联。和戴维森不同的是，他引入了可重复的事件。按照齐硕姆的观点，奥运会就可以有不同的例示。由于奥运会作为一个事件每4年发生一次，奥运会在2008年的例示就是2008年奥运会，而奥运会在2004年的例示就是2004年奥运会，尽管每一届奥运会时间、地点并不相同，但它们依然是奥运会。根据齐硕姆所说，如果有一事件发生很多次，那么这个事件就不可能是一个具体事物，正如两朵不同的玫瑰花都是红的一样，而该是具有不同例示的共相。齐硕姆所用的术语表明这例示是出现，或者发生（happenings）。

但是，他面临一个问题。共相事件的每一次出现、发生恰好就是戴维森意义上的具体事件。如果齐硕姆的理论要求我们承认，共相事件之外还有具体的事件，那么，和戴维森的理论相比，他的本体论就不能说是经济的。对于齐硕姆的质疑，戴维森认为，他的理论可以处理再现的事实，所以，我们无须再设定一个共相的实体（如奥运会）。戴维森提供了一种谈论的方式：事件拥有作为部分的事件，这些部分在时空上可能是不连续的

[①] R. Chisholm, "*Events and Propositions*", in *Nôus*, 4, 1970. pp. 15–24.

[②] Ibid. p. 15.

（如锦标赛、战争等）。这样事件和构成了一个事件，例如，"我之昨天开会"和"我之今天开会"这两个作为部分的事件合在一起构成了我之开会的事件。我们可以说，"我之开会发生在昨天"和"我之开会发生在今天"。这样，这些部分事件构成的和仍然是殊相，是不可重复的个体。①

（二）事态概念能否替代事件概念的问题

根据齐硕姆，事态是共相，它能够起到事件的作用，因此，具体事件的设定是多余的；而戴维森认为，他和齐硕姆的分歧并没有想象的那么大，② 因为两人都可以承认事件和事态的存在。他们之间的主要分歧是：设定哪类实体（事件/事态）才能更有效地解释和其相关的句子呢？

戴维森在《作为殊相的事件》（1970）一文中说："我们不清楚，是否可以沿着齐硕姆给出的思路，给出一种可供选择、行之有效的理论，以取代作为殊相的事件理论。"③ 齐硕姆在《事态的结构》一文中对此做了回应，他试图说清楚事态的性质以迎接戴维森的挑战。④ 齐硕姆用了五个初始概念去定义一系列的相关概念，包括事态本身以及事态的合取、析取和否定这些难解的概念。这五个初始概念分别是：接受（accepting）、实现（obtaining）、设想（conceiving）、例示（exemplifying）以及 de re 可能性（即加于命题谓词的可能性）。借助这些初始概念，齐硕姆这样刻画事态：

> D3 p 是事态 = Df　p 可能如此，使得有某人接受它；而且有某事实现且某事必然如此，使得任何设想它的人都设想 p。（p is a state of affairs = Df p is possibly such that there is someone who accepts it; and there is something which obtains and which is necessarily such that whoever conceives it conceives p. ）⑤

按照这个定义，存在圆的方是一事态，因为它能被人接受，而且有一个 q 实现，例如，不可能存在圆的方——这必然使得任何设想它的人设想存在圆的方。从这里也可以看出，齐硕姆所说的事态并不需要总是实现。在给出

---

① See Davidson, "Events as Particulars", *EAE*, pp. 183 – 184.
② Davidson, "Reply to Roderick Chisholm", in B. Vermazen., and M. B. Hintikka (ed.), *Essays on Davidson: Actions and Events*, Oxford University Press, 1985, pp. 221 – 222.
③ Davidson, "Events as Particulars", *EAE*, p. 187.
④ R. Chisholm, "The Structure of States of Affairs", in *Essays on Davidson: Actions and Events*, 1985, pp. 107 – 114.
⑤ Ibid., p. 109.

事态的定义后，齐硕姆又给出了事态的合取、否定以及析取的定义。以事态的否定为例，他给出了下面的定义：

D9 p 明显排斥（explicitly denies）q = Df   p 和 q 矛盾，而且 p 涉及的恰恰只是 q 涉及的东西。

齐硕姆认为，该定义能帮助我们拒绝弗雷格的"决不容易说清楚否定判断（思想）是什么"的观察。① 他随后还借助"一个世界"的概念对一个"可能世界"做出界定。

D12 W 是一个世界 = Df   W 是一事态；对每一事态 p，要么 W 逻辑蕴含 p，要么 W 逻辑蕴含和 p 相矛盾的事态；而且没有事态 q，使得 W 既蕴含 q，又蕴含与 q 相矛盾的事态。

齐硕姆随后又说，当哲学家谈起"可能世界"时，他们是能理解这个概念的，因为他们提及的事态这里称之为"世界"。如果情况是这样，而且如果事态是永恒存在的对象，不管它们有无实现，这样的"可能世界"是存在的。② 齐硕姆在《事态的结构》中还回答了一些可能的诘难，但没有明确的证据表明这些概念能够起到他先前设想的语义作用。不过，当他说到"我称之为事态的那些事物的性质是什么？当戴维森完成再现和可能性的理论的时，我希望我能够使他相信该概念是一个足够有力的概念，而且如果他考虑一下的话，他会做得很好"③。这显然是对他和戴维森争论的一种显然的回应。因为齐硕姆早些时候宣称④，戴维森的理论不能像他的理论一样，提供一种语义基础，合法地在理论上谈论可能的事件和发生过不止一次的事件。

对于齐硕姆把事件还原为事态的企图，戴维森表示了质疑。他认为这样会导致很多反直觉的结果。在齐硕姆所做的关于事态的阐述中，他特别对否定事态和可能世界的定义表示了质疑。第一点和否定事态相关。由于齐硕姆把否定事态定义为"明显排斥某物"，这会导致如下结果：p 明显排

---

① R. Chisholm, "The Structure States of Affairs", in *Essays on Davidson: Actions and Events*, 1985, p. 111.
② Ibid., p. 112.
③ Ibid., p. 107.
④ R. Chisholm, "States of Affairs Again", Nôus 5, 1971, p. 180.

斥 q 当且仅当 q 明显排斥 p。这样，对任何否定事态的否定依然是否定的。对戴维森而言，这种关于否定事态的观点难以迎接弗雷格的挑战，即决不容易说清楚一个否定的判断（思想）是什么；第二点和可能世界相关。齐硕姆持可能世界为事态的观点会导致如下结果：事态是抽象和永恒的。当我们把现实世界也看作可能世界的一员时，我们也必须视现实世界为抽象和永恒的。对戴维森而言，"现实世界看来肯定不具备抽象的特性，很可能也不具备永恒的特性"①。戴维森最后如此评论齐硕姆的观点："我不满意我所熟悉系统利用事态的语义理论解释命题态度或事件的尝试。"② 在戴维森和其他哲学家的批评下，齐硕姆后来也转变了观点，认为事件是不可重复的偶然状态。③

三、对金在权事件作为殊相观点的回应

另一位对戴维森事件观提出挑战的是金在权（Jaegwon Kim）。他认为，事件是一种特殊的个体，一种不可重复的抽象殊相。和戴维森相比，金在权的观点精细得多。金在权说："一个事件就是在某个时间某个或某些实体对某种性质或关系的例示。"④ 他把事件定义为一个有序三元组 <a, F, t>，在这里，对象 a 在 t 时有特征 F。从这个立场出发，事件是同一的当且仅当对象、特性和时间同一。用符号表示就是，事件 <a_1, F_1, t_1> = 事件 <a_2, F_2, t_2> 当且仅当 $a_1 = a_2$，$F_1 = F_2$，$t_1 = t_2$。显然，这种事件标准能够很好地表达事件就是变化的思想，当变化发生时，对象得到（或是失去）它此前有的（或是没有的）特性。

但这种理论也带来了新问题。对戴维森而言，金在权的观点却是过于精细了。以布鲁图斯之刺杀恺撒事件为例，不管恺撒有无死去，对于戴维森而言，只有一个事件；但对金在权而言，"刺杀"和"杀死"是两种不同的特征，当布鲁图斯通过刺杀的方式杀死恺撒时，发生在布鲁图斯身上的有两个不同事件：布鲁图斯之刺杀恺撒和布鲁图斯之杀死恺撒的事件。关于金在权的观点，戴维森说："我反对下述说法：刺杀（stabbing）不可能

---

① Davidson, "Reply to Roderick Chisholm", in Vermazen, B., and Hintikka, M. B (ed.), *Essays on Davidson: Actions and Events*, Oxford University Press, 1985, p. 223.
② Davidson, "Reply to Roderick Chisholm", in Vermazen, B., and Hintikka, M. B (ed.), *Essays on Davidson: Actions and Events*, Oxford University Press, 1985, p. 223.
③ 参见韩林合《分析的形而上学》，商务印书馆 2003 年版，第 214 页。
④ Jaegwon Kim, "*Events as Property Exemplifications*", in M. Brand and D. Walton (ed.) *Action theory*, Dordrecht: Reide, 1976, p. 160.

是杀死（killing）；杀死不可能是谋杀（murder），举起手臂不是发信号，生日晚会不是庆祝。"①

显然，当人们用"杀死"代替"刺杀"事件描述时，这是一种再描述，但金在权并不能满意地处理事件的再描述问题。金在权对事件的再描述问题做了回答，他阐述了两点：其一，他并不否认同一事件有许多描述的事实；其二，我们之所以将事件作为一种独立的存在论成分接受下来，是因为它们是说明的对象，而如果将事件的性质过分扩充，那么我们的很大一部分说明任务必然会发生转变：从说明为何一个事件会发生（比如，为何会发生布鲁图斯之用刀刺杀恺撒这样的事件？）变成说明为何一个事件具有某种性质（比如，为何事件布鲁图斯之刺杀恺撒是用刀进行的？）但是，通常我们更为关心的当然是前者。因此，金在权认为，我们最好还是采取将一个事件名称中的动词与其修饰成分视为一体的策略。对于戴维森和支持他的哲学家来说，金在权的这种阐述并不令人满意，金在权的事件观至少有两个严重缺点：其一是混淆了事实与事件，其二是将本来相同的事件看成是不同的。②

四、事件作为殊相的语义学根源

不管是戴维森还是齐硕姆，他们在考察事件或事态时都有自己的语义学考虑。但是，两者的关注点并不相同，戴维森这样归纳它们的差异：

> 齐硕姆明显持如下观点：诸如是否存在事件和事态这样的"形而上学"问题和逻辑是不相关的。我赞成这些问题是形而上学（因此就是本体论）的问题，但对我而言，把它们和衍推（entailment）问题分离却是完全错误的。逻辑规则旨在描述有效推理；它们告诉我们一些句子是否为真，其他句子必定为真。但他们没告诉我为什么；辩明一定是来自其他资源的。辩明是由一种系统的给出任意句子成真条件的真之说明提供的；一种令人满意的做法要求，不同的表达式被解释为和某些实体相关的指称、量化或成真。③

---

① Davidson, "Criticism, Comment, and Defence", *EAE*, pp. 133–134.
② 关于金在权对行动的再描述这一问题的较详细的讨论可参见韩林合《分析的形而上学》，商务印书馆2003年版，第211–212页。
③ Davidson, "Eternal vs. Ephemeral Events", *EAE*, p. 202.

在语言中，人们通常用名称、限定摹状词这样的"单称词项"来表描述作为殊相的物质物体，例如，"苏格拉底""世界上游得最快的人"；与此相似，人们一般也是通过摹状词来描绘事件的，如"第一次登上珠穆朗玛峰""第20届世界杯"，虽然像齐硕姆这样的哲学家并不就此认为这些事件是殊相。与此相应，共相则通常借助于普遍词项来表示。共相和殊相的一个差异是，共相能被例示，而殊相不能被例示。例如，当我们说"这衣服是蓝色的""这朵花是红色的"时，我们并没有断定"这衣服"和"蓝色""这朵花"和"红色"等同，我们只是说这衣服例示了作为共相的蓝色的特性，这朵花例示了作为共相的红色的特性；但是，我们不能说"蓝色是这衣服"，因为作为殊相的"这衣服"是不能被例示的。

从上面的分析可以看出，由于表达事件的单称词项在戴维森对行动句的逻辑分析中起到不可或缺的作用，因此事件被看作殊相也是顺理成章的事情，因为它和单称词项是对应的。

第三节 作为身体运动的行动

在说明能动性的尝试中，戴维森找到了行动的一个根本特征：行动就是身体运动。① 在这个过程中，戴维森使用了"原始行动"（primitive action）这个术语，以替代丹图等人所说的"基本行动"（basic action）。

一、原始行动

和安斯康一样，戴维森认为一个行动可以有多种描述。他在《行动、理由与原因》（1963）中这样说："我按一下开关，打开了灯，照亮了房间。同时，意想不到的是，我也向小偷展示了一个我在家的事实。此处，我无须做四件事情，我要做的只是一件给出的四种描述之下的事情。"② 这些描述向我们展示了一种有趣的"手风琴样效应"（accordion effect）现象。手风琴样效应只限于当事人，它们都是当事人行动的系列结果。虽然在这些描述中，有些是意向性的，有些是非意向性的。但意向性在这里对推论不起关键性作用，因为它要求的只是，我之移动手指是意向性的。一个行动

---

① See Davidson, "Agency", *EAE*, pp. 43-61.
② Davidson, "Actions, Reasons, and Causes", *EAE*, p. 4.

有四种描述的观点产生了如下问题：如果四个描述都展示了同一个行动，它们之间的关系是怎样的？有没有最基本的关于行动的描述？

（一）基本行动

有些哲学家认为，上面四种描述下的行动不应该是同一个行动，而应该是四个行动，而且在众多行动中，必定有一个行动是基本行动（basic action）。丹图（Arthur Danto）是第一个提出"基本行动"概念的哲学家，他关于基本行动的观点大致如下：某些行动的出现要依靠其他行动，但并非每一个行动都必须需依靠其他行动。丹图相信，行动依赖于因果性。他这样写道：

（1）B 是 a 的一个基本行动当且仅当（i）B 是一个行动且（ii）无论何时，当 a 履行 B 时，就没有 a 履行的其他行动 A，使得 B 是 A 引起的。

（2）B 是 a 的一个非基本行动，如果有某个行动 A，它是 a 履行的，使得 B 由 A 引起。①

此外，他进一步补充基本行动的说明。他认为：
（1）只要有行动的存在，就有基本行动。
（2）存在着基本行动。
（3）并非所有的行动都是基本行动。
（4）若 a 为当事人 M 所实施的行动，那么，a 要么是 M 的基本行动，要么是一系列因果链条的行动中的某一环节。因果链的最初端的行动是基本行动。②

他认为，找到了基本行动就等于找到了行动研究的起点。例如，我伸手关门是我做的一个行动。可以分析成，"我之伸手"就是一个基本行动，而关门则是一个非基本行动。根据丹图，我通过履行伸手的行动做了关门的行动，并且，后者由前者引起。

（二）原始行动

我们可以看到，丹图的观点和戴维森的观点恰恰相反。在关门的例子

---

① Arthur Danto, "What We Can Do", in *Journal of Philosophy*, 60, 1963, p. 435 – 436.
② See Arthur Danto, "Basic Actions", in *American Philosophical Quarter*, 2, 1965, pp. 141 – 148.

中，对戴维森而言，只有一个行动，虽然它们可有四个不同的描述。但是，戴维森必须说清楚这些描述之间的关系。"关门"这个描述指这个行动是通过结果来进行的。当然，我手的运动不可能引起我之关门，因为一个行动不能引起自身。关门需要一个在先的原因活动，即一个致使门被开的运动，不仅仅是范伯格才这样认为，丹图也持类似观点。戴维森这样批评丹图的观点：

> 似乎对我而言，这个行动和它们结果的概念包含了几个密切相连但却很根本的混淆。下面的观点是错误的，即认为当我按自己的自由意志关门时，一般说来，总是有人致使（cause）我去做这件事，即使那个人是我自己，或者，我在先的行动和其他行动致使我去关门。所以，第二个错误就是，把我伸手确实引起——门之关上（the closing of the door）的行动——和完全不同的东西——即我关门的行动混淆了。第三个错误就是，由其他两点被迫得出，当我伸手关门时，我履行了两个不同数目的行动。①

在批评完丹图之后，戴维森给出了自己的看法：在同一个行动的不同描述中，最基本的那个描述是关于原始行动的描述。原始行动是戴维森提出的概念，他使用这个概念的目的在于和丹图所用的"基本行动"概念区别开来。戴维森断定："如果我们宽泛地解释身体运动的话，可以这么说，所有的原始行动都是身体运动。"②

人们可能会问：在手风琴样效应的情形中，原始行动和其他行动的关系如何？戴维森认为范伯格和奥斯汀等人的观点在这里存在混乱。范伯格一方面显出了某种倾向，把移动手和开门看成同一个行动；另一方面，他又宣称，要开门，我们就必须做某件引起门开的事情。③ 我们再来看一个稍为复杂的例子：王后移动手，把毒药水注进国王的耳朵，从而杀了国王。随着时间的推移，王后所做的行动可分别被描述为：

(1) 王后之移动她的手。
(2) 王后之把毒药水注进国王的耳朵。
(3) 王后之毒杀国王。

---

① Davidson, "Agency", *EAE*, p. 56.
② Ibid., p. 49.
③ Ibid., p. 56.

在这些描述中，（1）就是原始行动，因为它指的是"身体运动"；而（2）、（3）实际上是（1）的扩充，它们是关于王后行动的不同描述，但人们可能会问：（2）仅仅提及王后之把毒药水注进国王的耳朵，而（3）却涉及国王之死。它们所涉及的时间并不相同，这两者怎么可能和（1）都是同一个行动呢？

根据戴维森的分析，其关键在于，人们常常是用结果来描述行动的。（2）、（3）在时间上的不一致并不表明当事人履行了一个新的行动，而只是说明：通过原始行动不断产生的结果，当事人行动的责任不断产生变化。在上面的例子中，王后只是做了一件引起国王死亡的事情。或者以戴维森喜欢的方式来表述：王后之移动她的手和她之做引起国王死亡的某事是相同的。因此，在上面的三个描述中，事件的能动性并没有从前一个转移到下一个。最后，戴维森得出结论：

> 我们的结论或许令人感到震惊，我们的原始行动，即无须通过做其他事引起的行动，只不过是身体运动——它们是所有行动都具备的。我们所做的只是运动身体：其他的都出乎自然。①

这样，王后只要移动了她的手，其他所有的结果都是自然的结果。所有的结果都涉及身体运动，所有它们都可以归结到"移到了她的手"这样的身体运动的描述。通过对原始行动的确定，这就能说明为什么同一行动可以有不同的描述。因为，这些不同的描述都是借助不同的结果来描述的。

二、行动的时间

把行动看作身体运动也带来一个问题：该怎样解释不同描述之下可能的行动时间差的问题？行动的时间问题是行动哲学的一个热点问题。如果人们反对行动的同一理论，既然不同描述之下的行动被认为是不同的行动，那么行动的时间问题是不会产生的，问题也就算解决了；但戴维森既然承认了不同描述之下的行动是同一行动，他就必须直面行动的时间问题的挑战。在戴维森举的开灯的例子中：我之按开关＝我之开灯＝我之照亮房间＝我之发出了警示。由于这些行动都是在同一时间发生的，因此人们不

---

① Davidson, "Agency", *EAE*, p. 59.

太会就时间问题提出质疑；但有些行动会涉及不同的时间，因此行动的同一理论也面临更棘手的问题。

（一）问题的提出

行动的时间问题通常表述为"谋杀的时间"（the time of killing）。这个问题说的是：当当事人最初的行动和受害者之死存在时间差时，当事人是何时杀死受害者的。[①] 在前面所举的王后毒杀国王的例子中，假定王后下毒和国王之死存在时间差，她下毒三日之后毒性才发作，国王在这个时候才被毒死。人们会问：如果说王后之下毒 = 王后之杀死国王，那么，在国王死之前，我们能说王后就已经杀死国王了吗？

托马森（Judith Jarvis Thomason）在《谋杀的时间》（1971）中详细地讨论了行动的时间问题。假定在 t_0 时刻约翰向史密斯开枪，24 小时之后（t_1），史密斯死了。根据戴维森的理论，约翰之向史密斯开枪的事件和约翰之杀死史密斯的事件是同一的，但像托马森这样的哲学家则说不。她向戴维森的"同一"理论提出了挑战。她试图表明，存在一些两类事件并不共有的特性，因此，诉诸莱布尼茨原则，这两类事件并不相同。她提出的三类问题都和时间相关。[②]

第一种可称为"时态的问题"。她认为，假定 t 时刻在 t_0 至 t_1 时刻，我们可以说：

（1）约翰之向史密斯开枪已经发生。

但是，在 t 时刻这样说则是错的：

（2）约翰之杀害史密斯已经发生。

第二种类型的问题可称为"日期的问题"。假定 t' 时刻在 t_1 时刻之后，这样说是对的：

（3）约翰之向史密斯开枪发生在 t_0。

---

① Davidson, "Reply to Ralf Stoecker", in *Reflecting Davidson: Donald Davidson Responding to an International Forum of Philosophers*, Berlin; New York: Walter. de Gruyter, 1993. p. 289.
② 详细内容可参见托马森《行动的时间》，载《哲学季刊》第 68 期，第 115－132 页。这三类问题的归纳引自方万全《戴维森事件观研究》（英文版），第 54－55 页。

但是，在 t' 时刻这样说则是错的：

（4）约翰之杀害史密斯发生在 t_0。

第三种类型的问题则是"时间顺序（temporal）问题"，在 t' 时刻，下面这样说是真的：

（5）史密斯之死发生在约翰之向史密斯开枪 24 小时之后。

但是，在 t' 时刻，这样说则是错的：

（6）史密斯之死发生在约翰之杀害史密斯之 24 小时之后。

以上的问题统称为"谋杀的时间"的问题。托马森由此向戴维森的"行动同一理论"提出挑战。她试图表明，由于两类事件存在一些相异的特性，因莱布尼茨原则可知，这两类事件并不相同。

（二）戴维森对行动的时间问题的解决

在王后的例子中，在国王死之前，我们能说王后就已经杀死国王了吗？戴维森先是认为，我们可以承认这一点，但必须对该问题给出恰当的解释；他后来意识到，这个问题和认识的问题毫不相关，因为人们只有在行动的结果发生之后，才能说王后之下毒＝王后之杀死国王。在这个问题上费了很多力气之后，他相信自己是"第一个澄清该问题的人"。①

1. 行动的时间点的确认

在《事件的个体化》（1969）一文中，戴维森就已经开始探讨行动时间的问题。下面是他举的一个非常知名的宇宙飞船的例子。② 假设当宇宙飞船还在地球时，我就向它的水箱下了毒。我的目的是要杀死太空旅行者，并且我成功了：当他到达火星时，他喝了一杯水，死了。这里很容易区分出两个事件：我之下毒和旅行者之死。其中一个事件引起另一个事件。但是，另一个我之杀害旅行者的事件又是如何来的呢？戴维森的答案是：

---

① Davidson, "Reply to Ralf Stoecker", in *Reflecting Davidson: Donald Davidson Responding to an International Forum of Philosophers*, Berlin; New York: Walter. de Gruyter, 1993. p. 289.

② Davidson, "The Individuation of Events", *EAE*, p. 177.

最常见的答案是，我之杀害旅行者和我之下毒是同一的。如果那样的话，当下毒的时候杀害已经结束，我们被迫得出结论，在旅行者死之前，我已经杀死他了。①

这种断言显然是有违直觉的，因此，戴维森称之为悖论，有时又称之为谜。② 试图使这种断言合理化的一种调和方式是说这是因为认识的不足（epistemic deficit）。例如，我们可能知道斯各特之死，而不知道《威弗利》作者之死。同样，我们可能知道一个事件是下毒而不知道它是杀害。在这个例子中，我们不知道下毒者是否一定成功，我们也不知道旅行者是否一定喝水。因此，在下毒至杀害这段时间，无人能说下毒者已经杀死了旅行者。既然无人能知道这些宣称的真相，那当然就不愿意接受它。戴维森说：

把一个事件描述为一个杀害就是，把它描述作为一个引起死亡的事件（这里是一个行动），往往我们只是在死亡发生之后才把它描写为一个引起死亡的行动；然而，它可能是死之前发生的一个行动。③

这样，当我们说，"你已经杀死他了"，就不会感觉到明显的悖论了。④

我们没有看到戴维森对托马森的文章进行专门的答辩，但是，从他后来的表述中，我们可以看出，戴维森对相关的问题是蕴含了回应的。由于他在《事件的个体化》（1969）一文中最后得出的"在某人死之前就已经杀死他"这样的结论有违人们日常直觉。他自己也不满意这种解决方式。他后来逐渐意识到，对行动时间问题的分析主要不是认识的问题，而主要是事件之间的因果关系问题。

在《行动的副词》（1985）一文中，戴维森进一步讨论了这个问题。他认为，行动的时间问题部分原因是时态的复杂性引起的。下面是戴维森举的一个例子，假定亚瑟把定时炸弹放在箱子里，并且把箱子放在飞机上，飞机随后被爆炸摧毁。⑤ 和前面提到的下毒的例子相似，人们也可能会问：亚瑟何时摧毁飞机？戴维森认为，在上面的例子中，存在三个事件：

---

① Davidson, "The Individuation of Events", *EAE*, p. 177.
② Ibid., p. 177.
③ Ibid., p. 177.
④ Ibid., p. 177.
⑤ Davidson, "Adverbs of Action", in B. Vermazen and M. B. Hintikka (ed.), *Essays on Davidson: Actions and Events*, Oxford University Press, 1985, p. 236.

(1) 亚瑟之放炸弹。
(2) 飞机之毁灭。
(3) 亚瑟之摧毁飞机。

显然，(1) 引起 (2)，这就带来结果 (3)。在这里，亚瑟只做了一件放炸弹的事情，我们自然就会想到，亚瑟之放炸弹和亚瑟之摧毁飞机是同一个行动。但是它会面临下面的问题：我们可以说：在飞机被摧毁之前，亚瑟已经放好了炸弹。如果说 (1) 和 (3) 是同一个行动，那我们就会得出结论：在飞机被摧毁之前，亚瑟就已经摧毁了飞机。戴维森认为，这里的一个复杂处是时态问题，存在一个时期，说亚瑟之放炸弹是真的，但说亚瑟之摧毁飞机却是假的。但并不能说他做了两个不同的行动，而只是说，他所做的行动只有在结果到来的时候才达到了预期效果。但结果的到来并不改变原因，它改变的只是我们用现在时所能说的东西。

如果有人问："亚瑟何时摧毁飞机？"这是一个不同的问题。由于没有一个表示事件的单称词项来指这个句子，所以要求我们对这个句子做进一步分析，比较合适的回答就是：亚瑟做了一件行动（在这里是放炸弹），因此引起了飞机的毁灭。对"亚瑟摧毁飞机"所做的更全面的分析就是：

> 存在两个事件，使得亚瑟是第一个事件的当事人，第二个事件是飞机的毁灭，而且第一个事件引起了第二个事件。①

显然，上面的问题难回答之处是因为涉及了两个可能发生在不同时间的事件。这也是"亚瑟何时摧毁飞机"这个问题为什么难以回答的原因。所以，根据戴维森的理论，一个全面的答案就是：说明亚瑟履行引起飞机之毁灭的行动的时间，以及飞机毁灭的时间。

但是，如果我们问："亚瑟摧毁飞机的行动发生在什么时候？"这个问题就不再是模糊的了。因为，这个行动的描述是"亚瑟作为当事人，引起飞机摧毁的行动"，这是有确定的日期的。这样的话，我们可以证明亚瑟之放炸弹和亚瑟之摧毁飞机是同一的。因为这里表明，只有亚瑟的一个行动引起了飞机毁灭，那就是放炸弹，这也是他之摧毁飞机，因为这个行动的当事人是亚瑟，而且它引起了飞机之毁灭。

---

① Davidson, "Adverbs of Action", in B. Vermazen., and M. B. Hintikka (ed.), *Essays on Davidson: Actions and Events*, Oxford University Press, 1985, p. 237.

通过上面的分析，我们可清楚地看到，戴维森对行动的时间问题的解决很大程度上依赖于两点：①对行动句的逻辑形式的分析。戴维森向我们揭示了行动句和行动的一个关键区别：前者不可归结到单称词项，而后者却可以。这就为我们确认行动的时间点提供了基础，因为单个行动的发生时间是易以确定的。②对因果动词的分析。戴维森向我们揭示了因果动词后面隐藏的时间点，我们将在下一部分更详细地讨论这一点。

2. 因果动词的时间点的进一步分析

除行动的时间外，行动的地点也是持行动同一观点的人要思考的问题。但对戴维森来说，两个问题其实是同一个问题。他在《行动说明中的问题》（1987）再次回顾了这个问题：假定我因度过了一个美好的夜晚而打电话感谢某人，并留了一个口信在他的受话机上。那么，我打电话的行动和她收到感谢不仅发生在不同的时间，还发生在不同地点。

有人会问：倘若我打电话的行动和感谢她的行动是同一个行动，那么在她被感谢（was thanked）很久之前，我一定已经完成感谢了（must have finished thanking）。这怎么可能呢？戴维森的答案可分成两部分：首先，我们要注意，"感谢"其实是一个因果动词：X 感谢 Y 当且仅当存在两个事件 E 和 E'，使得 X 是 E 的当事人，E' 是 Y 的被感谢，并且 E 致使 E'。也就是说，X 做了某件致使 Y 被感谢的事件。所以，上面的时间差异并不是说我履行了两个行动，它表明的是我履行的行动只有在以后才有它所欲求的结果；这就导致了第二点，说我感谢朋友蕴含了我做了某件致使 Y 被感谢的事件。但是，虽然我所做的能正确被描述为我打电话、捎信息的时间是在履行这个行动时，同一个行动却只有在她收到信息时才能被描述为感谢朋友。所以，尽管我之打电话和我之感谢她是同一个行动，我所做的事情却只是在施行很久之后才能同用两种方式来描述。①

除了"摧毁""感谢"之外，英语中还有很多动词都包含了因果关系。例如，"打破"的也是一个因果动词，因为"打破"意思就是"引起破裂"。当我们说"约翰打破一个窗户"（John breaks a window）时，其实说的是，"他所做的事引起窗户破裂"（cause a window to break）。其中，前面的"打破"是一个及物（transitive）动词，后面的是不及物（intransitive）动词。由于因果是事件之间的关系，所以，要理解"约翰打破窗户"就要引入两个事件："存在两个事件，一个是约翰所做的事情，另一个是窗户的破裂且第一个事件引起了第二个事件"。戴维森认为，对行动的时间的正确

---

① Davidson, "Problems in the Explanation of Action", *POR*, pp. 104-105.

理解离不开对"摧毁"（destroy）"感谢"这样的因果动词的正确理解。

回到亚瑟的例子，当我们说，"亚瑟放炸弹摧毁了飞机"时，根据戴维森的理论，"亚瑟之放炸弹"和"亚瑟之摧毁飞机"可以看作是亚瑟所做的两类行动，但却是一个行动。说"亚瑟摧毁了飞机"仅仅意味着，亚瑟做了某件引起飞机毁灭的事情（在这里是放炸弹）。同样，我们也可以这样分析一些非意向性的行动。例如，我请朋友吃了一顿饭，（没想到）致使他生了病。这并不意味着我做了请朋友吃饭、使他生病两个不同的行动，我所做的事情只是，请朋友吃了一顿饭，只有等到我做的事情产生了有害的结果时，才能说我致使他生病。但是，我的行动时间是不会受到结果的时间的影响的。在他生病之前，我们当然不会说，当我请朋友吃饭时，我就致使他生病了。正如某个男人，如果他的后代还没有孩子，我们是不会称他为祖父的。

我们在此部分探讨了戴维森对行动的时间问题的解决，表明了其处理方式依赖于对行动句的逻辑形式的认识，特别依赖于因果动词的认识。我们注意到，不管是在王后下毒的例子中、亚瑟摧毁飞机的例子中，还是在我打电话感谢某人的例子中，戴维森一再强调，当事人只做了一件事情：身体运动。至于结果，那只是作为原始行动的身体运动的一种自然导致的结果。因此，把行动看作身体运动是戴维森解决行动时间问题的本体论前提。

（三）简短的评论

有一个问题必须注意到，那就是反对行动的同一理论的人主要依据于莱布尼茨的同一不可分辨原则：$(x = y)$ $(x = y \rightarrow (Fx \equiv Gx))$。在托马森所举的例子中，即是：

约翰之向史密斯开枪 = 约翰之杀害史密斯 → （约翰之向史密斯开枪已经发生 ≡ 约翰之杀害史密斯已经发生）

其中，"F"可代表"已经发生"。按照托马森的理论，约翰之向史密斯开枪和约翰之杀害史密斯如果被认为是等同的，则它们的性质应该等同。而（2）明显违反了这一点，因此约翰之向史密斯开枪和约翰之杀害史密斯便是不同的行动。

但是，正如戴维森所说，存在一段时间，我们可以说，"亚瑟已经放好炸弹",但却不能说"亚瑟已经摧毁飞机"。① 笔者认为,戴维森认为行动的时间问题关键在于认识到因果动词的作用的解释是有力的,他对亚瑟的例子的分析同样适用于托马森的问题。不过需进一步补充的是,反对行动的同一理论的依据——莱布尼茨法则需要进一步明确。

虽然人们常常通过摹状词来表述物质物体和行动,但这并不意味着,描述它们的摹状词总是有所指,因为这些摹状词的所指虽然在某段时间是非空的,但在另外一段时间则是空的。因此,这类问题并不专存在于行动(或事件)。例如,虽然我们可以说"亚里士多德=《形而上学》的作者",但是,存在一段时间,即《形而上学》还没写之前,我们可以说"亚里士多德已经到外边玩去了",但却不能说"《形而上学》的作者已经到外边玩去了"。这是因为,在那段时间,摹状词根本就还没有所指。实际上,随着时间(T_0,T_1,T_2,T_3……)的增加,对象(亚里士多德)还会获得无数的性质。例如:

T_0:"诞生在塔吉克拉的,由××和××生育的那个孩子"
T_1:"柏拉图的学生"
T_2:"亚历山大的老师"
T_3:"《形而上学》一书的作者"
…………

我们注意到,这些摹状词的所指可能涉及亚里士多德从出生到死亡的描述。如果考虑时间因素的话,显然,在任意时间说"柏拉图的学生"和"《形而上学》的作者"同一时,只有在结果产生之后谈论它们之同一才有意义。

与此类似,我们也可以这样理解行动的同一性问题。和行动相关的描述必然随着人们的认识以及时间的变化不断丰富,当然,这些认识主要是通过摹状词来说明的,例如,

t'_0:约翰之向斯密斯开枪的事件
t'_1:约翰之杀害史密斯的事件
…………

显然,人们描述行动的时候通常是通过描述结果来进行的,一个行动也可

---

① Davidson, "Adverbs of Action", in B. Vermazen and M. B. Hintikka (ed.), *Essays on Davidson: Actions and Events*, Oxford University Press, 1985, p.236.

能会产生无数新的描述。但是，它改变的只是我们可以说的东西。这样，我们就可以说明为什么在 t'时刻，托马森在本节第一部分（"问题的提出"）中所说的（4）和（6）的断言都是错的。

(4) *约翰之杀害史密斯发生在 t_0。
(6) *史密斯之死发生在约翰之杀害史密斯 24 小时之后。

正如上面分析的那样，当我们问："约翰之杀害史密斯的行动何时发生?"这是可以确认日期的，因为这个行动是对"约翰作为行动者，引起史密斯死亡的行动"的描述。即我们可以说"约翰作为行动者，引起史密斯死亡的行动发生在 t_0"。本节第一部分（"问题的提出"）所说的（3）（即，约翰之向史密斯开枪发生在 t_0。）和（4）（即，约翰之杀害史密斯发生在 t_0。）的不同之处在于（4）是用结果来描述事件的，因此，这两个描述是存在时间差的，在进行涉及不同时期的时间的替换时，这样的替换显然就是不合法的。这就是为什么（3）是对的而（4）是错的。同样，在句子（5）（即，史密斯之死发生在约翰之向史密斯开枪 24 小时之后。）和（6）（即，史密斯之死发生在约翰之杀害史密斯之 24 小时之后。）中，我们可以看到，当我们把行动描述为摹状词"约翰之向史密斯开枪"和"约翰之杀害史密斯"时，从行动的结果来看的话，这两者的时间是有差异的，在这里恰好是 24 小时。这样，它们分别加上 24 小时仍然是有差异的，这就可以解释为什么替换在这里是无效的。

简而言之，在涉及任意时间的行动同一性确认时，莱布尼茨法则的替换不是无条件的。其有条件在于，在结果发生之前，我们根据结果来谈论不同描述下的行动是否同一行动并无什么意义。因此笔者相信，尽管戴维森的行动同一理论受到了被称为"谋杀的时间"之谜的问题的困扰，但是他对行动的分析可以迎接这些挑战。

三、诘难与答复

戴维森认为，所有行动都可归结到原始行动，从而归结到身体运动的观点也受了挑战，尽管他在《能动性》（1971）[1] 一文中已做了部分回应，但其中一些诘难仍以新的形式出现，我们下面将考察其中的一些诘难。

---

[1] Davidson, "Agency", *EAE*, p. 59–60.

第一种诘难是，并非所有的行动都可归结到原始行动，例如，斯托特说："我们能够在不运动身体的这类情况下行动，我认为这一点是毫无疑问的。在大脑中计算总和是行动；它是在做某事；它涉及能动性；而且，它造成一个结果，虽然这个结果只是一个人的知识状态得到了提升。"① 支持行动即身体运动的人的回应可能是，计算总和也是一种运动，因为在计算中大脑的肌肉可能在收缩。但质疑者可能会回应说，虽然肌肉收缩是大脑中的事件，但它不是人有意做的事情，因此，就不能称为行动。对戴维森而言，我们相信他不会纠结于此类诘难，因为他可以说，心理行动属于例外的一类行动。他在阐述原始行动的宽泛性时说：

> 这种宽泛性应该大到足以包含诸如不让步的"运动"与下决心、计算这样的心理行动（mental act②）。我不打算现在讨论这些困难的例子；如果我弄错了原始行动的精确范围，它也不会影响我的论证。③

第二种诘难是，在行动的描述中，原始行动不是最基本的，还存在更基本的行动。

有人认为，为了完成一些行动，我们先要做其他行动，因此，它们就不可能是基本的。例如，在我击中野牛的眼睛之前，我必须装子弹并且举起枪，然后瞄准并且扣动扳机。④ 不过，这种观点并不会对戴维森的观点构成太大威胁，因为诘难者已承认击中野牛的眼睛是原始行动。而根据戴维森的理论，击中野牛的眼睛只不过是做了引起野牛的眼睛被击中的事情，此行动的实施当然是以手中有武器、能举起手臂以及移动扣扳机的手指为前提条件的。

还有人（譬如霍恩斯比）认为，即使我们承认一个行动的描述可以归结到身体运动，但是我们却能找到更基本的术语——肌肉收缩，而说明这一点必须求助于"尝试"这个概念。霍恩斯比说："所有行动都是尝试（trying）或试图（attempting）行动的事件，所有的尝试都是先于或是引起肌肉收缩（contraction)$_I$ 或身体运动（movement)$_I$ 的一个行动。"⑤ 按照这种

---

① Rowland Stout, *Action*, Acumen Publishing Limited, 2005, p. 145.
② 为与本书其他地方一致，我把 mental act 译为"心理行动"而不是"心理活动"。
③ Davidson, "Agency", *EAE*, p. 49.
④ Davidson, "Agency", *EAE*, p. 59.
⑤ Jennifer Hornsby, *Actions*, Routledge & Kegan Paul Ltd, p. 33, 1980。收缩$_I$ 和运动$_I$ 的"I"是 intransitive 的缩写，意在表明此二词为不及物动词的用法。

说法，当某人以某种方式行动时，行动的基本描述应该和尝试相关。无论何时，当你做某事时，就是在尝试做某事。对于霍恩斯比的这种观点，斯托特如是评论："全部行动涉及尝试行动的观点听起来仍然可能是奇怪的和不可信的。一个人常常不用尝试就有所获；他只是做。我可以毫不费劲地捡起我面前的一支钢笔。我只是做。……我甚至不用去考虑捡钢笔的行动。"① 关于原始行动不能容纳尝试的概念，戴维森在《能动性》（1971）中就已经讨论过这个问题。他说："尝试做一件事情可能只是做另一件事情。通过打开开关，我试图开灯，但我只是在打开开关。或者，就算有时候那就是一次尝试。我们仍然可以说，这次尝试由我无须尝试就能做的某事构成；或许只是移动我的手。"② 如果我们进一步分析，戴维森的回应同样是依赖于事件和事件的描述之间的区别："尝试做某事"实际上属于事件的再描述的一种，它不是事件本身的特征。这就可以解释为什么他一方面把行动限制为身体运动，但另一方面却又能说清楚诸如击中野牛的眼睛这样的事件是行动，因为后者不过是行动再描述的一种。戴维森对尝试概念的回应现在看起来仍然是有效的。

第三种诘难是，原始行动并没有告诉我们什么是行动，同时，原始行动如何成为行动也没有被说清楚。例如，某人之手指移动的事实显然涉及身体运动，但我们并不能就判断它是否行动。对于这种诘难，我们可从戴维森的行动的因果理论③之中找到答案，身体运动只是行动的一个特征，对它的确认还需进一步的东西：欲望与信念（基本理由）。因此，在击中野牛眼睛的情形中，如果"某人之手指移动"称得上是"某人之移动自己的手指"的行动，一定存在相关的描述，使得某人的欲望与信念合理化行动。除欲望与信念外，意向也是确定行动的一个关键概念，戴维森在《能动性》（1971）一文结尾中这样说："如果一个事件是行动，那么在某个（或某些）描述中它是原始的；在某个（或某些）描述下它是意向性的。"④

综上所述，从本体的角度看，戴维森的行动概念可归纳如下：行动是具体可记载的事件、转瞬即逝的殊相和身体运动。虽然行动的确定同样离不开意向概念，但意向概念在戴维森行动哲学中并无本体地位，它更多的是概念的需要。我们后面也将会谈到这一点。

---

① Rowland Stout, *Action*, Acumen Publishing Limited, 2005, p. 148.
② Davidson, "Agency", *EAE*, p. 60.
③ 戴维森的行动的因果理论将在本书第二章"行动的因果理论"、第三章"行动与意向"逐步展开。
④ Davidson, "Agency", *EAE*, p. 61.

我们的分析表明，戴维森的事件本体论立场更应该被看作"本体论承诺"的立场，因为他一再强调引入事件作为本体论基本构成的原因是语义学的缘故；与此同时，他把事件看作殊相的观点也有其语义学的考虑，因为在句子中，事件通常是和单称词项相对应的；而身体运动一旦被人视作行动时，则马上与欲望、信念与意向这些命题态度交织在一起，而这就和他语言哲学中的彻底解释的立场连起来了。

"奥卡姆剃刀"确实告诉我们，"如无必要，勿增实体"。但对戴维森而言，本体论的经济只有和效用联系起来，才更令人信服。在这个问题上，他和另一位美国哲学家大卫·刘易斯（David Lewis）的态度是相似的。刘易斯的模态实在论被认为承诺了可能事物的存在，例如，独角兽、灵魂、金山、（北欧神话中的）巨人、平行的宇宙等，所以被人认为是本体论不经济的。刘易斯答复说，他只是量的不经济，而不是质的不经济。因为他只要求我们承认可能世界是现实世界的增加或减少就行了。① 在这两种经济中，他只承认前者有理论价值，后者并没有这样的价值。更进一步，刘易斯明确表明他是从本体论承诺的角度去说明模态实在论的，他说："……它（模态实在论）是一个存在声称，跟以下声称并无两样：如果我说有尼斯湖怪兽、CIA（中央情报局）中有红色间谍（Red moles）、费马猜想（Fermat's conjecture）有反例，或是有六翼天使时，那么我就是做出了这样一个存在声称。……对于我来说，这个问题是有关物体存在性的问题——而不是有关主体客观性的问题。"②

对于戴维森而言，他不用承诺可能事物的存在，他所做的工作只是把事件引入本体论构成，因此更容易让人信服。显然在思维经济原则和理论实际效用之间，他是更看重后者的。

在戴维森行动哲学体系中，逻辑、语言和本体论三者密不可分。这种做法有利有弊：它的利就是，对这三者中的任一者的阐述和论述都有助于我们理解其他二者，从而有助于我们从总体方面去把握其哲学；而它的弊则是，一旦其中一样被证明是有问题甚至错误的，其整个理论亦将会受到影响。

---

① See D. Lewis: *Counterfactuals*, Cambridge, Mass., 1973, p. 87.
② D. Lewis, *On the Plurality of Worlds*, Basil Blackwell, 1986, P. viii.

第二章 行动的因果理论

行动的说明是行动哲学中最重要的问题，它包括以下问题：行动由什么引起？它们处在因果链中吗？如果处在因果链中，它们的原因是什么？诸如信念、欲望和意向这样的命题态度是物理状态吗？它们能不能成为行动的原因？如果能，该如何描述行动的说明模式？

对行动的说明有因果论和非因果论两种观点。在戴维森之前，行动的因果理论有大量的追随者，但由于赖尔和维特根斯坦的影响，一度受到冷遇。在行动哲学领域，由于戴维森的努力，行动的因果理论重新占据了主导地位。他在《行动、理由与原因》（1963）一文中有力地反驳了行动的非因果论的几个论证，并且还颇有力量地反问：如果理由和行动不是因果关系，那它们之间是什么关系？

戴维森支持的行动的因果理论断定：行动是理由引起的。这显然是承诺了某些物理事件或状态和心理事件或状态的因果关系的，因此它是具有自然主义倾向的。但另一方面，该理论却又断定不存在连接心理－物理的规律，因此，它和一般的自然主义的观点是不同的。实际上，他此时的观点已经预示着变异一元论的观点。

本章的思路大体如下：首先，给出一个因果说明和理由说明的背景；其次，对戴维森支持的行动的因果理论的基本观点、困难以及相关发展做了探究；再次，探讨了戴维森对形形色色的行动非因果理论的反驳，特别是对因果同类、逻辑联系、因果法则论证的反驳；最后，探讨了作为行动原因的命题态度的因果力，表明戴维森虽然通过诉诸倾向给理由留下了因果说明的空间，但这种说明削弱了因果说明的力量。

第一节 因果说明和理由说明

在行动说明方面，戴维森支持的行动的因果理论持"合理化就是一类因果说明"① 的观点。由于该观点把理由看作原因，因此戴维森的理论不仅和因果说明相关，而且和理由说明也相关。

一、因果说明

要给出一个恰当的因果说明，必须先对因果关系做出一个简单说明。休谟给原因下了这样一个定义：

> 我们可把原因定义为这样一个对象，它被另一个对象跟随，同时，所有和第一个对象相似的对象后面都跟随着和第二个对象相似的对象。换言之，此处如果第一个对象不存在，第二个对象也绝不会存在。②

休谟在该概念中所讲的对象很可能指的是事件，因为一个对象可以被另一个对象跟随。戴维森很大程度上是接受了休谟的这个定义的，但他关注的东西不止于此，他还试图揭示出因果句子的逻辑形式。他首先反对通常的采用内涵分析的做法。根据这种做法，像"划火柴引起它发亮"（Striking the match caused it to light）这样的句子中的"引起"被看作联结词。戴维森认为，这种分析的缺陷在于无法用外延分析，因为虽然当两个联结的"句子"真时，该句子为真，但联结的两个"句子"倒过来时，它却是假的。他认为，但如果用事件的因果概念来说明，句子的逻辑形式将是"存在两个事件，划火柴的事件和火柴发亮的事件，并且第一个事件引起第二个事件"。除可以诉诸外延分析外，这类句子的一个特性就是它们的真值一般不会受到共延单称词项替换所造成的影响。③ 通过这种分析，戴维森向我们揭示了因果是事件之间的联系，也为进一步的行动的因果说明打下了基础。

自然科学的说明一般是通过给出因果说明的结构来说明结果的，下面是一个例子：

> （以飞机坠毁为例）
> （1a）如果正在飞行的喷气式飞机通风口被堵，飞机将会落地（其

---

① Davidson, "Actions, Reasons, and Causes", *EAE*, p. 3.
② David Hume, *Enquires Concerning Human Understanding and Concerning the Principles of Morals*, Peter Nidditch (ed.) Oxford: Clarendon Press 1975, p. 76.
③ See Davidson, "Causal Relations", *EAE*, pp. 149–162.

他条件等同)。

(1b) 一只鸟撞上了飞行中的喷气式飞机,堵住了后面的通风口(其他条件等同)。

(1c) 所以,飞机落地(即坠毁)。①

试分析这种说明的逻辑结构,我们发现,因果说明要遵循所谓的"说明的演绎法则模型"。② 在飞机坠毁的例子中,就是说如果我们知道(1a)和(1b)为真,则我们知道(1c)一定是真的。飞机坠毁必然发生。这种分析是广为人接受的。戴维森的关注的东西更多,他特别探讨了行动的再描述的情形:

> 我们必须坚决地把原因和偶然想到的对它们进行的描述特征区别开来,由此我们必须相应区分下面两个问题:一个问题是,一个事件引起另一个事件的陈述是否真正地说出这个问题;另一个问题是,刻画事件的某一种方式是否足以使我们能够从规律或是其他因果知识演绎出(或推出)该关系是因果的问题。③

戴维森由此区分了因果和因果说明的区别:前者是事件之间的关系,而后者是事件描述之间的关系。从上面的讨论可以看到,这一部分阐述的主题是一般事件,下一部分我们将主题转至作为行动的事件,并由此分析戴维森做出这种区分导致的结果。

二、理由说明

在日常谈话中,我们经常还面临行动的说明问题。我们常常想知道某人为什么意向地做某事,通过给出行动的前件——理由,是最习以为常的事情。试看例子:

(以山姆倒立为例)
(2a) 山姆想吸引秀的注意力,并且相信如果他倒立的话,他就会

---

① 这个例子来自戴维斯的《行动理论》(英文版,1979)第85页。
② 这个模型经常是和卡尔·亨普尔联系在一起的,亨普尔在《自然科学中的哲学》(Englewood Cliffs, N. J.: Prentice-Hall, Inc., 1966, 第47–58页)一书中讨论了这个问题。
③ Davidson, "Causal Relations", *EAE*, p. 155.

吸引秀的注意力。
(2b) 所以，他倒立。①

显然，这是一种理由说明，而且这种思路已深入人心，很少有人会对它产生怀疑。例如，为了对思想归于主体进行辩护，德维特（Michael Devitt）举过一个相似的例子②：

> 老太太为什么登上公共汽车？她想要买一瓶苏格兰威士忌。她相信口袋里有自己的养老金支票。她相信该公共汽车去她喜爱的酒类商店。

他认为，我们这样做的目的在于说明和预测主体的行为。

因此，理由说明使行动得到辩护，使之变得更容易被理解。在山姆倒立的例子中，"他为什么倒立？"这个问题的答案可能五花八门：

(a) 他想要吸引秀的注意力。
(b) 他在炫耀自己。
(c) 他在锻炼身体。
(d) 他想要减肥。
(e) 他脑子有点问题。

在这里，恐怕不会有多少人怀疑这些理由和行动的说明关系。但这种说明关系又是什么关系呢？安斯康断定（参看《意向》），这种说明关系是一种规范的或逻辑的关系，即，当我们提及心理状态或事件去解释行动时，我们就是试图使行动合理化，她说："那就是，无论何时的行动，都是带意向的"③（which is there whenever actions are done with intentions）。根据这种意向论的观点，理由说明和因果（causal）秩序无关，它只跟理性的（rational）秩序有关。威尔逊（George Wilson）和基耐特（Ginet）都支持安斯康的观点：理由说明的特别之处就在于它们是以行动中当事人的意向为基础的。显然，这是一种纯粹规范性-意向论的（normative-intentionalist）非

---

① 这个例子同样来自戴维斯的《行动理论》（英文版，1979）第 86 页。
② Michael Devitt, *Ignorance of Language*, Oxford: Clarendon Press, 2006, p. 126.
③ G. E. M. Anscombe, *Intention（Second Edition）*, Cambridge, Mass.: Harvard University Press, 2000, p. 80.

因果说明。除上面提到的哲学家外，丹尼特（Dennett）、梅登（Melden）以及冯赖特都支持这种观点。

根据这种观点，理由和行动之间的关系是逻辑的或规范的联系，即，该关系不是摆事实（make the case），而是讲道理（make intelligible）的关系。这是一种使行动合理化的做法：当我们通过提及心理状态或事件来说明行动时，我们实际上是就在使行动合理化，而要使行动合理化，又必然会涉及实践推理。该观点特别强调了行为主体作为人的理性作用。

三、作为原因的理由说明

乍看之下，表示因果说明的结构和理由说明的结构在逻辑上具有相似之处。但仔细考察一下，它们的差异还是很明显的。我们注意到，在山姆倒立的例子中，山姆虽然有倒立的理由，但我们并不能就此推出，他一旦倒立就是吸引秀注意力这个理由引起的。这是因为，虽然山姆有吸引秀的注意力的理由，但他这样做的真正理由很可能只不过是减肥。

由于这种理由说明强调的是合理化说明，因此和自然科学中的因果说明是有差别的。人们通常认为，因果说明和理由说明的一大不同之处是：前者具有不可避免性，而后者则使行动合理化，它能够让我们从当事人的角度找出行动的合理性。

不过，理由说明和因果说明并不是必然排斥的。让我们再仔细地考察理由成为行动原因的可能性。在山姆例子中，从（2a）至（2b）的逻辑结构实际上是不完全的，如果再加上一个前提：

（2a'）一个想做 A 且相信他之做 B 会产生他之做 A 的人将会做 B（其他条件等同）。

（A person who wants to do an A and believes his doing a B would generate his doing an A will do a B (other things equal.)）[①]

通过加入这个前提，可认为这两者都是一种概括，而从 1a 至 1c 和 2a'至 2b 的推理过程都加上了"其他条件等同"。前者是为了排除一些偶发因素，后者有助于防止由于条件变化，当事人会不按其预定计划去行动。在补充上（2a'）这个前提的基础上，通过因果概念来理解理由的可能性就有可能

[①] 该说明亦来自戴维斯的《行动理论》（英文版，1979）第 87 页。

成为现实。

更进一步，这种理由说明还可能被理解成因果-法则论的说明。该说明不仅断定理由和行动存在因果关系，而且还设定了连接心理事件和物理事件的规律。例如，亨普尔就赞成行动说明的"覆盖律"（covering law）。①他提议，行动的规律说明一个理性的当事人会做什么。理性的当事人会按照他的信念和欲望（belief and desire）做出行动的最优选择。即使一个当事人常常有理由做不相容的事情，他也可以权衡各方面利弊。亨普尔建议我们可利用决策论来处理这个问题。由于这种观点把理由说明看作无例外规律的一种例示，因此具有一种很强的决定论气息：当事人在断言的环境中别无选择，只能以某一种方式行动。除亨普尔之外，艾耶尔、高曼等人亦赞成此种观点。我们注意到，这种观点断定理性人总是遵循自己的最佳选择去行动，因此，它面临怎样解释非理性的问题。例如，意志软弱、自我欺骗是否存在？如果存在，这些情形该怎样得到解释？

在行动的说明这个问题上，戴维森可被称为调和论者。他认为，当我们对行动给出理由说明时，我们既是在说明，又是在引证理由作为原因。这就是戴维森所要致力捍卫的行动的因果理论的观点。

第二节 行动的因果理论

在行动理论的领域中，戴维森最大的贡献就是复活了行动的因果理论。作为对新维特根斯坦视角的一种回应，《行动、理由与原因》（1963）一文被威尔逊（G. M. Wilson）认为是"分析的行动理论的一个关键转折点的标志"②。该文奠定了他在行动哲学领域的地位。本节探讨的行动的因果理论将不局限于此文的阐述，更包含了他思想的进一步发展。

一、行动的因果理论的基本观点

他在《行动、理由与原因》（1963）的开头首先提出这样一个问题："当理由通过给出当事人做某事的理由对行动做出说明时，理由和行动的关

---

① From Davidson, "Problems in the Explanation of Action", *POR*, p. 110.
② G. M. Wilson, "Davidson on Intentional Action", in *Actions and Events: Perspectives on the Philosophy of Donald Davidson*, Oxford: Blackwell, 1985, p. 29.

系是什么?"① 当然,他已经预设了理由和行动之间存在一种说明的关系了,所以他要问的才是,这种说明的关系应当是什么关系。他的结论是:这种说明关系是合理化说明,我们通过给出当事人的理由使行动得到合理化的说明。他进一步提出,"在本文中,我想要捍卫一种古老的和常识性的立场,即合理化就是一类因果说明"②。我们注意到,在试图说明当事人为什么这样做时,几乎所有的行动理论都要提及信念和欲望。我们前面举过的山姆倒立、老太太买苏格兰威士忌的例子亦不例外,但事实上,这些说明是不完全的或省略的说法,因为人们还可能替此二人找到众多的其他可以辩护的理由。

在众多合理化的理由中,戴维森特别区分出了基本理由(primary reason),而其他非基本理由最终亦可归结为基本理由。戴维森的"合理化因果说明"的辩护依靠的是下面两点:①为了理解任何一种理由如何使一个行动合理化,必要而充分的条件是,我们必须大体上知道如何去构造一个基本理由。②行动的基本理由就是行动的原因。基本理由由支持性态度(pro-attitude)和信念状态(belief state)这个对子构成。其中,支持性态度包括了欲望、希望、冲动、驱使以及各种道德观点、美学原则、经济学成见、社会惯例和公共的和个人的目的和价值等。③

从以上观点出发,戴维森进一步提出了说明一个当事人所履行行动的基本理由的必要条件,即一个理由之所以被称作基本理由,是由于它能够说明当事人在某个特定条件下为什么要从事这个行动;即能够给出这个理由所包含的支持性态度和某种信念状态。这就说明了,当事人从事某个行动,完全是他有从事这个行动的理由。事件要成为行动,就要存在一个描述,使得当事人有理由做这个行动。戴维森尝试性地给出了必要条件:

(3) 只有当 R 包含着当事人对于具有某种属性的行动的支持性态度和当事人相信在 d 描述下 A 具有那种属性的信念时,R 才是说明当事人为什么在 d 描述下做出了行动 A 的基本理由。④

对于当事人为什么要从事某行动的理由来说,R 并不是一个充分条件。某个

---

① Davidson, "Actions, Reasons, and Causes", *EAE*, p. 3.
② Ibid., p. 3.
③ See Davidson, "Actions, Reasons, and Causes", *EAE*, p. 4. 戴维森在此处所讲的对子是支持性态度和信念状态,但大多数人在讨论的过程中习惯于把此对子简称为欲望-信念,本书的大多数地方也跟随后面这种用法。
④ Ibid., p. 5.

人可能有做某事的支持性态度，并且相信他正在做的事情是那类行动中的一个，然而，他做行动并不是因为那个理由；所以，基本理由并不一定是某人行动的真正理由。我们回头看看山姆倒立的例子，他可能有吸引秀的注意力的支持性态度，并且相信他之倒立可以吸引秀的注意力。但是，当他真的倒立时，他可能会因为别的原因（譬如减肥）而倒立。

戴维森认为，只有在某人行动是因为他有基本理由 R 的情形下，R 才是某个人为什么行动的理由。这里的"因为"最好理解成因果说明的关系：只有在当事人之拥有理由 R 是行动原因的时候，才能说当事人去行动是因为他有基本理由 R。戴维森由此得出结论（2），"行动的基本理由就是行动的原因"。当任何行动被履行时，这个行动的基本理由就是行动的原因。根据戴维森，既然合理化说明是通过引证基本理由作为行动原因进行的，那么下面这个句子就是真的，

（4）引证基本理由的合理化就是一类因果说明。

以上四点就是戴维森在《行动、理由与原因》（1963）一文中阐述的行动的因果理论的主要观点。

二、基本理由

现在我们考察一下非基本理由的情形。在戴维森开灯的例子中，如果我们仅仅说"我按开关的理由就是我想要开灯"，那么，这种借助非基本理由的说明并没有指出要害。因为，"我想要做某事"和"我做某事"在逻辑上是显然独立的。在此处，当你问我，"你为什么走进这间商场"，我的答案是，"我想要橱窗里的金表"。这个答案是一个理由，但并不是一个基本理由。它只是让人想起一个基本理由——例如，我想买那块手表，这才能说明我为什么走进这家商场。因此，非基本理由最终也是要归结到基本理由的情形中。

此外，还有一种再描述的情形。人们常常借用原因和结果对事件进行了再描述。如果某个人受伤了，我们可能通过说明他被烧伤了来重新说明这一事件。"当我们通过给予理由来说明一个行动时，我们的确是重新描述了那个行动；而重新描述该行动就是将该行动置于种模式之中，于是该行

动便以这种方式得到了说明。"① 但这也是没说到要害的。例如，我们通过再描述的形式，把某人的行动描写为"他抬起手臂是想要发出信号"，这的确是对他的行为给出了合理化说明，但这里的困难在于没有触及他为什么抬起手臂的问题。因此，进一步追问的话，必然有一个基本理由说明他抬起手臂。因此，对行动的再描述也离不开基本理由。

戴维森认为，行动的合理化说明总是有基本理由的。我到歌剧院观看了帕瓦罗蒂的演出的这个行动可以从这样一对心理状态进行说明：我有观看帕瓦罗蒂的演出的欲望（支持性态度）并且我相信到歌剧院是观看帕瓦罗蒂的一种方式（信念状态）。这两者结合在一起就是我观看演出的基本理由，也就是这个行动的原因。在说明人的行动时，为什么能通过给出基本理由的形式说明行动呢？戴维森认为："从基本理由的角度看，行动总是以当事人的某种或长或短的、或独有或非独有的特征一致的形式显现出来，而那个当事人则以理性动物的角色出现。"② 这表明，对行动的说明，至少要从当事人的角度看是合理的。这也就可以说明，为什么有些看似古怪的行动也具有合理性。

赫斯特豪斯（Rosalind Hursthouse）曾提出一种"无理性的行动"（arational action）的情形来反对戴维森的行动合理化说明的观点。她这样总结戴维森的观点："当事人做意向性行动是因为他有某种说明行动，并使之合理化的欲望-信念这个对子。"③ 但她认为，诸如愤怒地敲打无生命的对象、刨削掉仇人相片的眼睛这样的举止都是"无理性的行动"。而且，一些类似渴望做某事的内在动机激发的行动譬如愤怒地鞭打某物看起来就是不合理的。

这种论证并不对戴维森构成太大的威胁。如果我们承认戴维森所说的喝漆者撬盖的时候有一个理由，那么，我们还会认为他喝漆没有理由吗？我们可以认为，这个人喝漆的理由是由于其有一种古怪心瘾，这种欲望构成了他行动的理由。他喝漆的奇特性和他撬盖的奇特性这个由内在欲望激发的理由可能不是一个好理由，但是，它却确实是一个理由。按照这样的分析，我们不得不承认赫斯特豪斯提出的"无理性行动"的履行也是有理由的。

但通过引证当事人的基本理由从而给出行动的原因说明确实面临一些困难。这是因为，它只给出了一个必要条件，而没能给出充分条件，这样，即使本节第一部分提及的条件（2）、（3）都达到了，基本理由仍然可能使

---

① Davidson, "Actions, Reasons, and Causes", *EAE*, p. 10.
② Ibid., p. 8.
③ Rosalind Hursthouse, "Arational Actions", in *The Journal of Philosophy*, 88, 1991, p. 57.

当事人的行动得不到合理化说明。例如，某人想要杀死他富有的叔叔是因为他想继承叔叔的财产。他相信他叔叔在家，所以开车去他叔叔的房子。他要杀死叔叔的欲望使他变得非常烦躁，因此，他驾车非常鲁莽。在路上，他撞倒并杀死了一个路人，这个人恰好就是他的叔叔。在这个例子中，这个人既有杀死他叔叔的基本理由，而最后的结果确实又是他的理由所导致，但其基本理由似乎并不能必然地对行动做出合理化的因果说明。戴维森在《行动、理由与原因》（1963）一文中未有触及异常因果链（deviant causal chains）的情形。但他后来在《行动的自由》（1973）一文中说到，要确保这种异常性不会产生，理由必须以"恰当的方式"（in the right way）引起行动。[1]

三、行动的因果理论的发展

戴维森后来的观点有所变化，这变化主要表现在行动的实践推理的逻辑结构的描述方面。他不再坚持行动的演绎推理说明模式（实践三段论）而诉诸非演绎的实践推理模式。但是，我们注意到，在意向性行动的情形中，这两种推理的模式都是相容的。他在这方面的工作是通过引入一个新的元素"全面的判断"（all-out judgement）把前后的工作联系起来。他在《意图》一文中明确断言，亚里士多德关于行动相对应于实践推理的结论仍然是有效的。[2] 即使受到了来自非理性行为的挑战（如意志软弱的行为），他也没有放弃行动的因果理论。他这样表述自己在《意志软弱如何可能？》（1970）一文的观点：

> 行动的因果理论受到以下挑战，即意向性行动和当事人的最佳判断相悖。因为，如果理由是原因，那么，人们自然会想到：最强的理由就是最强的原因。我在第二篇论文《意志软弱如何可能？》捍卫因果观点，我论证说，因果性最强的理由不必是当事人行动时作为根据的最强（最佳）理由。[3]

除此之外，我们还可以从另外一方面证明，戴维森并没有放弃行动的因果理论。在后期，在面对行动者行动的理由和意向之间的因果关系这个

---

[1] Davidson, "Freedom to Act", *EAE*, p.79.
[2] Davidson, "Intending", *EAE*, p.99.
[3] Davidson, "Introduction", *EAE*, p.xvi.

问题时，他给出的答案是："理由'以恰当的方式'引起意向。"① 而在面对意向和行动的关系这个问题时，他这样回答：

> 在某些情形中，它们没有联系，因为意向没有被实施。如果先有意向，再跟着行动，那么意向，和进一步的事件（如注意到时间到了）以"恰当的方式"引起行动。如果行动开始的时候就是意向形成的时候，那么，行动的开始和意向的形成都是由理由引起的，但意向仍然是行动发展中的一个原因因素。②

但值得我们注意的是，他依然没有赋予意向本体地位，他说："我希望，无须以一种或以另一种方式承诺状态的本体论。意向的独立性是逻辑的：它不能从行动的理由以及相应的行动那里推出存在一个意向，该意向是以那些行动的理由为基础的。"③ 困难同样转到对"恰当的方式"的说明，戴维森没有再花太多的篇幅进一步探讨这个问题，但是另外一些哲学家认为他们有必要这么做，而且也做了一些有成就的工作。④

从上面的分析我们可以看出，戴维森对行动的因果理论所做的正面阐述并不是完全令人信服的。但是，我们注意到，在他之前，行动的非因果论的流行主要靠的也不是正面说明，而是反面的论证。因此，要确立行动的因果理论的地位，如何反驳这些非因果论就成了重中之重。相较正面阐述而言，戴维森对非因果论的反驳更加富有成效。

第三节　对行动的非因果理论的反驳

在本章第二节，我们已经较为详尽地探讨了戴维森基于"合理化就是一类因果说明"的行动因果理论。他在《行动、理由与原因》（1963）一文中反驳了五种论证，其中第二种论证（逻辑联系的观点）和第三种论证

---

① Donald Davidson, "Reply to Bruce Vermazen", in B. Vermazen and M. B. Hintikka (ed.) *Essays on Davidson: Actions and Events*, Oxford: Clarendon Press, 1985, p. 221.
② Davidson, "Reply to Bruce Vermazen", in B. Vermazen and M. B. Hintikka (ed.) *Essays on Davidson: Actions and Events*, Oxford: Clarendon Press, 1985, p. 221.
③ Davidson, "Reply to Michael Bratman", in B. Vermazen and M. B. Hintikka (ed.) *Essays on Davidson: Actions and Events*, Oxford: Clarendon Press, 1985, p. 197.
④ 较详细的说明可参看下一章第四节"异常因果链"的内容。

(因果法则论证)最具影响力。其中一些观点仍以一些新的形式出现。

一、对"因果同类"论证的反驳

"因果同类"的论证认为:"理由是态度和信念构成的,它们是状态或倾向,不是事件,因此不可能是原因。"① 戴维森观察到,我们常常诉诸状态和倾向作为原因:"大桥倒塌是因为结构上的缺陷,飞机起飞时坠毁是因为气温异常之高,盘子破碎是因为它原本有个裂缝。"② 然而,他认为这种答复并没有触及有关的要害。因为谈论一个事件的因果条件,仅仅是根据还有一个在先的事件这一假定,交代一个原因。但是,那个引起一个行动在先的事件究竟是什么呢?如果不谈及一些其他因素,它依然是模糊的。戴维森认为理由说明与此类似:

> 状态和倾向并不是事件,但受到状态或倾向的冲击则是事件。当你激怒我时,我便可能产生一种想要伤害你的感情的愿望;当我看见一个甜瓜时,我可能想吃甜瓜;当我们注意、发现、了解或记住某事时,可能马上产生某些信念。③

这段话明确说明,理由并不是事件。但是,它却可以作为事件的行动提供先在的原因。总而言之,涉及基本理由的说明和大桥结构缺陷导致的缺陷是平行的;我们不清楚导致倒塌(原因)的事件或事件的次序,但是,我们肯定存在这样的事件或事件的次序。因为显然,人们同样无法对物理事件的原因了如指掌。但在人们日常关于大桥倒塌的谈话中,即使真正原因可能无法为人所知,但人们通常依然坚信,存在一个物理事件导致大桥倒塌。如果按照这种观点的话,我们也就没有理由反对以下说法:人们在行动时,他们为什么要行动。

这种论证确实也触及了一个要害,那就是,"原因"这个词通常是模糊的。在后来,戴维森更清楚地区分了这个词的两种用法。④ 第一种是狭义的,在这种意义上,事件的原因当然只能是事件;第二种是广义的,对象、

---

① See Davidson, "Actions, Reasons, and Causes", *EAE*, p. 12.
② Ibid., p. 12.
③ Ibid., p. 12.
④ Davidson, "Reply to Ralf Stoecker", in *Reflecting Davidson: Donald Davidson Responding to an International Forum of Philosopiers*, Berlin; New York: Walter. de Gruyter, 1993. pp. 287-288.

条件和事件都可以成为原因。根据后者,如果我们说某人用石头击中了窗户,我们可以说人、石头、条件在某种意义上都是原因。显然,从广义来说,没有多少人会否认理由和行动之间存在这样的关系。当然,合理化的因果说明要求的不止这些。

戴维森认为,当我们试图对事件给出因果说明时,是有很多预设的。但是,不管我们怎样提及"这个"原因,这样一个事件"总体"的原因必须包括事件或变化。所以,当我们给出事件的因果说明时,我们要理解的是,什么东西加上这些背景就使结果的出现容易理解。与此类似,我们常常知道,当某人意向性地行动时,一个条件就是,他有某种信念和欲望,我们称这些"一个"或"这个"为行动的原因。但是,信念和欲望并不是变化。它们是状态,并不是事件。所以,当我们提及信念和欲望说明行动时,我们在描述当事人行动情形的关键方面。因此,从广义的原因看,称理由为原因是可以接受的。①

在另外一篇答辩性文章中,戴维森说:"赋予某物因果的力量,只不过是说存在某物(something),它在恰当的条件下会引起某些结果。这本质上是溯因的方法。"② 从上面的分析我们可以看出,即使理由-原因的因果说明有缺陷,它也是和普通的事件因果分析的缺陷平行的。因此,我们所要做的事,就是要通过揭示当事人行动情形的关键方面,而赋予作为原因的理由的足够说明力量。

二、对"逻辑联系"论证的反驳

"逻辑联系"的论证是以原因和结果必须是"逻辑独立"为前提的。人们似乎认为休谟已经表明,任何两个有因果联系的事物互相之间不可能有逻辑联系。根据"逻辑联系"的论证,由于当事人有理由做某事和当事人做某事存在逻辑或概念的联系,所以后者不可能是前者的结果。③ 由于这类论证形式多样,因此不易把握。下面是梅登(A. I. Melden)的一段话:

---

① Davidson, "Reply to Ralf Stoecker", in *Reflecting Davidson*: *Donald Davidson Responding to an International Forum of Philosopiers*, Berlin; New York: Walter. de Gruyter, 1993. pp. 287 – 288.

② Davidson, "Reply to Peter Lanz", in *Reflecting Davidson*: *Donald Davidson Responding to an International Forum of Philosophers*, Berlin; New York: Walter. de Gruyter, 1993. pp. 302 – 303.

③ 这种论证不止一种变种,如在肯尼、汉普舍尔、梅尔登的论著中有之,还出现在 P. 温奇的《社会科学的观念》以及 R. S. 彼德斯的《动机的概念》等中。作为其形式之一,这里的论证是由赖尔在《心的概念》一书中对动机的讨论所促发的。转引自戴维森《行动、理由与原因》,见《行动与事件文集》英文版(第二版),牛津大学出版社 2001 年版,第 13 页。

> 因果说明……不进一步刻画事件，因此使之被说明……相反，它说明的是，已知特征的事件是怎么发生的……作为行动所谓的原因，（动机，或是理由）是不能用来进一步刻画行动的。作为动机，它必须这样——因为它告诉我们，这个人实际正在做什么事情。从动机方面，我们知道，举起手臂的行动实际上就是对其他人发出信息，大意是司机准备拐弯……。简而言之，引证动机是更完整地刻画行动；这实际上对司机的行为给出了一个更恰当的理解。但是，休谟式的原因是不可能这样的；在这个意义上，任何举起手臂的所谓的原因，……只是说明举起手臂的行动是怎样形成的。从司机的陈述中可知，他举起手臂是为了知照其他人他所要做的事情，这合乎逻辑地推出，他发出信号或者至少是试图发出信号。那么，如果动机（假定动机是原因的话）是某个这样事件，即它跟举起手臂的行动要么是同时的，要么是在先的，那么，不管怎么描述，这两个不同的事件（所谓的动机和行动）都需要必然的逻辑联系。①

这里的论证，是以因果相连的事物是不可能有逻辑联系的。但梅登的论证似乎是建立在对逻辑关联性的说明方面。他给出司机的例子是对同一事件不同角度的描述。举手和知照他人存在逻辑联系是无疑的，但是，这不足以说明理由和行动也存在这样的逻辑联系。某人虽然有做某事的动机，但一旦某事发生，不足以表明事件就是这动机引起的。

在《行动、理由与原因》（1963）发表20多年之后，马尔康姆（Norman Macolm）发展了一种涉及将来意向论证的新形式。他这样论证：

> 意图做某事（intending to do something）和做某事（doing it）之间存在逻辑联系。如果做某事在人的能力之中，并且他没有因某个理由而放弃这个意向，他没忘记他的意向，没有相反的环境的产生，还有，他只有实施了意向，才能给出满意的说明，等等。——那么，如果他没有做这件事情，我们会得出结论，他并不是真正意图做这件事情。这种判断事物的方式是意向概念所要求的。②

---

① A. I. Melden, *Free Action*, London: Routledge and Kegan Paul, 1961, pp. 88 – 89.
② D. M. Armstrong., and N. Malcom: *Conscious and Causality: A Debate on the Nature of Mind*, New York: Blackwell, 1984, p. 88.

他补充说:"逻辑纽带,即意图和做事之间的联系是很松散的一个联系,尽管如此,它足以排除在意图和做事之间纯粹偶然联系的纽带。"其结果是,如果因果联系是"纯粹偶然"的话,那么,意图和做事没有因果联系。

下面,我们来看戴维森怎样反驳这种论证。① 他认为,把因果联系和逻辑联系对应起来是一种误读。首先,存在类似"事件 B 的原因引起了 B"这样的分析判断;其次,即使在经验性质的因果判断中,作为原因句的前件也可以表达出后件之含义。例如,"它可溶于水并被放入水中"与"它已被溶解了"之间的联系一样。他由此得出结论,因果判断未必在逻辑上是独立的。究其原因,施特克尔(Ralf Stoecker)认为,逻辑联系论证错误在于混淆了使用和提及的关系:"句子是否表达因果关系依赖的是表达式的所指(what its expressions refer to),而它是否逻辑真或偶然真则依赖的是表达式的所用(which expressions are used)。"②

另外,即使要求原因和结果在逻辑上以下述方式独立:其中一方的存在或不存在,在逻辑上绝不要求另一方的存在或不存在,理由是行动的原因仍然可以得到支持。戴维森指出,尽管人们常常是通过不同的结果来描述行动的,而且在描述的过程中也常常提及理由,但这并不意味着理由和行动存在逻辑联系。他在《行动、理由与原因》(1963)一文中说得很清楚:"'我想开灯'与'我开灯'在逻辑上是独立的。"③ 戴维森认为,这里的关键是区分清楚因果和逻辑联系的适用范围。因果讨论的是事件之间的关系,跟我们怎样描述并无关系;但逻辑联系是事件描述之间的关系。如果 x(划火柴)引起 y(火柴发亮),我们把 x 描写成"火柴发亮的原因"——主项和谓项之间"逻辑"联系——显然不能改变 x 引起 y 的事实。至于马尔康姆的观点,我们并没看到戴维森对此做出回应。但是从戴维森的论证看来,即使承认意图和行动有松散的逻辑联系,也不能推出此二者的关系不是因果的,因为他已告诉我们:因果判断在逻辑上不一定是独立的。

三、对因果法则论证的反驳

第三种颇有影响的论证是因果法则的论证。这种论证如下,因果联系

---

① See Davidson, "Actions, Reasons, and Causes", *EAE*, pp. 13-15.
② Ernie Lepore, and Ludwig Kirk (ed.), *A Companion to Donald Davidson*, Wiley-Blackwell, 2013, p. 19.
③ Davidson, "Actions, Reasons, and Causes", *EAE*, p. 6.

在本质上是法则论的（nomological），它建立在归纳的基础上，但与我们有关的当事人按某些理由而行动的知识常常却是不依赖于归纳或严格的规律的知识。因此，理由说明不能是因果说明，当我们用理由说明行动时，我们不是用原因说明它们。① 戴维森反对这种观点，他认为，行动的目的论的说明跟自然科学中的说明在于前者在本质上不涉及规律，但是，这两种说明都能够，并且常常必须借助因果联系。②

这种观点来自休谟。他认为若一事件 A 是另一事件 B 的原因的话，那么只要任意一个与 A 相似的事件发生了，那么，它就总会伴随着与 B 类似的事件发生。人们会根据休谟的观点对理由说明提出疑问。如果同样的条件出现在另外的时间的话未必会有同样的行动。这样的话，它就缺乏了一种可重复性来界定这一点。他们由此得出了结论：理由非原因。如果有连接理由和行动的规律，那么这个问题就容易得到说明了。

戴维森不赞成理由和行动之间存在严格的规律，即准确预言能据以可靠地做出的那种规律；但他同时又认为理由和原因之间的因果关系可以得到辩护。如果往前追溯，我们会发现，戴维森的观点和杜卡斯（C. J. Ducasse）的观点有点像。杜卡斯在批判休谟的因果理论时认为，我们可以知道 a 是 b 的原因，但不知道 a 与 b 例示的规律。③ 戴维森认为，因果判断的建立本身未必就得涉及对于一个普遍性法则的构造。即使在日常事件的描述中也是如此。例如，我敢肯定，那个窗户的破碎是由于被一块石头击中——我亲眼看到了事情的发生；但是，我没有掌握这样的规律，即我能据以预言什么撞击将打破哪些窗户的规律。如果试图这样描绘规律：

> 窗户是易碎的，当撞击足够强大时，尽管其他地方都很正常，这种易碎的东西也将趋于破碎，大致说来，并不是一种预言性的规律——所谓预言性规律，如果我们有的话，它将是定量的，并使用了完全不同的概念。④

戴维森认为，对有足够预言力规律的无知并不会妨碍我们做出有效的因果说明。实际上，我们通常对于单一因果联系对比支配这种事例的任何因果规律要有把握得多。他继续反问，假设一场飓风，它是在星期二《泰晤士

---

① Davidson, "Actions, Reasons, and Causes", *EAE*, p. 15.
② Davidson, "Introduction", *EAE*, p. xii.
③ From Simon Evnie, *Donald Davidson*, Cambridge: Polity Press, 1991, p. 36.
④ Davidson, "Actions, Reasons, and Causes", *EAE*, p. 16.

报》第 5 版上报道的，结果引起了星期三《论坛报》第 13 版上所报道的一场灾难。我们应该寻找一种把这两类事件关联起来的规律吗？显然，即使我们发现了它们的因果联系，也不意味着我们已经准确地把握了飓风运动的规律，而只是发现了在这一还未被确定的规律统摄下的一个事件。

戴维森认为，休谟关于因果说明的观点已经蕴含了合理化同样可以用以因果说明。他认为休谟的观点包含两层意思：①只有在我们知道 A–B 关系所从属的那个普遍规律的情况下，我们才能去断定 A–B 关系的因果性质；②它也可以被说明成 A–B 关系具有因果性质，我们就可以推知有一个更普遍的规律在统摄之——尽管我们暂时还不知道这个规律是什么。在这里，第②点却弱得多，因为没有什么特殊的规律能从一个单一的因果断言中衍推出来。他甚至还认为，我们其实根本不需要在理由–行动关系对行动的发生做出精确的预言。

这种观点导致变异一元论的立场。戴维森在《心理事件》（1973）一文中提出了以下三点：①某些心理事件与物理事件在因果上相互作用（因果互动原则）；②具有因果联系的事件一定符合某个严格的规律（因果性的法则性质原则）；③不存在可以用来断定和说明心理事件的严格规律（心理事件的变异论）。① 其基本论证是这样，根据①，存在某些连接心理事件和物理事件的真的单称因果陈述；根据②，肯定存在这些单称因果陈述例示（instantiate）的规律；但根据③，这些规律不可能是心理–物理的或心理的规律，因此，它们肯定是物理的规律，所以，对于单称因果陈述连接的事件（包括心理事件）而言，必定存在物理描述来例示这些物理规律。戴维森指出：因果关系和同一关系是个别事件之间的关系，但规律则是语言上的；只有事件通过某种方式被描述时，那些事件才能例示规律，从而才能根据规律而对那些事件做出说明或预言。②

我们注意到，戴维森后来谈到理由说明和物理说明的差异时说道："连接心理和物理的规律不像物理规律，因此不能还原为物理规律。既然行动说明需要这样的规律，行动说明不像物理学的说明，因此不能还原到物理学。"③ 这样一来，似乎蕴含了某种心理–物理规律的存在，和变异一元论的立场有了冲突。不过，我们应该注意到，理由只是一种状态，它和心理事件并不等同。实际上，戴维森的立场更为轻松：

---

① 参见［美］戴维森《真理、意义、行动与事件——戴维森哲学文选》，牟博编译，商务印书馆 1993 年版，第 243–244 页。
② 同上书，第 252 页。
③ Davidson, "Problems in the Explanation of Action", POR, p. 112.

对事件的最初说明是给出原因；而更细微的说明可以说明更多内容，我们通过建立相关的规律，或者提供相信其存在的理由，来捍卫单称因果陈述。但是，认为只有等建立了规律才能给出说明这一想法显然是错误的。①

第四节　命题态度的因果力

我们前面的探讨表明，戴维森对行动的因果理论既做了正面的阐述，又做了反面的论证。然而，人们毕竟不容易理解诸如信念、欲望和意向这样的命题态度何以有因果力（causal power）。戴维森这样定义因果力："提到因果力时，我指的是一个对象的这样一种特性，对象的某一类的变化引起另一类的事件。"② 可以看出，当我们讨论因果力时，无论我们从哪个角度切入，我们都必须提及变化。

我们先来看一个前面已经举过的理由说明的例子：

> 山姆为什么倒立？他想吸引秀的注意力，并且相信如果他倒立的话，他就会吸引秀的注意力。

在这个例子中，山姆的信念和欲望构成了行动合理化的说明，而在说明的过程中，我们也把命题态度归属在山姆身上。现在我们将考察一下行动说明中所涉及的这类命题态度是否具备因果力的特性。我们将依次考察命题态度的性质与命题态度的因果力。

一、命题态度的性质

命题态度如此重要，以至戴维森在《理性的动物》（1982）一文中如此断言："婴儿、蜗牛和正常的成人之间的理性差异的在于拥有的命题态

---

① Davidson, "Actions, Reasons, and Causes", *EAE*, p. 17.
② Davidson, "Freedom to act", *EAE*, p. 64.

度。"① 现在进一步的问题就是：命题态度是什么东西？它和我们日常见到的小狗小猫这些动物是不是同样实在的？我们这一部分将考察这个问题。

（一）命题态度不是"心灵之前的对象"

当我们谈论心理状态时，我们至少可以区分出两类：第一类是诸如疼痛这样的感觉，而第二类则是如信念、欲望与意向这样的命题态度。除非有特别说明，本书谈论的心理状态一般特指命题态度这样的心理状态。

当我说"我相信太阳从东边升起"这样的句子时，我的命题态度到底指什么？不同的哲学家给出了不同的回答。有一种广为人所接受的意向实在论（intentional realism），它承诺了信念、欲望等命题态度及意向性内容、意义等思想的真正存在。根据这种观点：人们拥有思想，也就是说，他们拥有诸如信念、欲望这样的"命题态度"以及带意向性内容或意义的心理状态。德维特（Michael Devitt）相信，意向实在论的设定相对来说是比较少争议的。② 他还认为，虽然不容易识别，戴维森在心灵方面本质上是一个反实在论者。③ 不管他的评价是否完全正确，戴维森很大程度上是否定这些命题态度作为实体的可能性的。达米特已经指出，布伦塔诺所持的全部心理活动均有心理表象的观点面临一个非存在对象的思想问题。在《什么呈现于心灵？》（1989）一文的结尾中，戴维森对布伦塔诺的意向性观点做出一个总体回应：

> 在要求的意义上，如果我们放弃内在对象或心理表征存在的观点，这个问题就容易得到解决。无须假定是否存在这样的内在对象，因为仅留下的外在对象就能帮助我们确认不同的心灵状态。这个简单事实就是，我们有所需要的资源去确认心灵状态，即使那些心灵状态指向非存在的对象（如我们所说），因为我们可以无须假设心灵之前存在任何对象，就做到这一点。④

除此文外，他还断定，放弃"心灵之前的对象"的观点才能解决第一人称权威中的一个明显困难，即："我们如何能够使我们所知的外在因素部分地决定了心灵的内容这个事实，与我们（通常）无须诉诸证据就可以知道我

---

① Davidson, "Rational Animals", *SIO*, p. 95.
② Michael Devitt, *Ignorance of Language*, Oxford: Clarendon Press, 2006, pp. 125–127.
③ Ibid., p. 125.
④ Davidson, "What is Present to the Mind", *SIO*, p. 67.

们自己心灵的内容这个说法相一致?"① 而且,他还认为这"抨击了由这些二元论所预设的心灵图画,由此也抨击了二元论本身,以及建立在它们基础之上的认识论和形而上学立场"②。

回到我们开头的问题,部分答案已经出来了:命题态度不是心灵之前的对象,它不是像小猫小狗那样的实体,因此,不存在与命题态度相对应的心理状态,虽然它们依然可能是语法对象。

(二) 命题态度是"关系"

如果命题态度不是实体,那么,它们是什么?戴维森告诉我们,命题态度本质是一种归属的关系,这种关系把当事人和句子(或话语)联系起来。例如,在前面所讲的山姆倒立的例子中,当我们给出山姆倒立的理由时,实际上是把相关的信念和欲望归属在他身上的。

戴维森对信念与重量进行了类比。当谈论事物有多重时,我们实际上是在谈论关系:它把对象和数字联系起来。通过指派数字给对象,我们方便地记下这些关系,还记下这些在对象中的关系是怎样在数字反映出来的。至于一个东西是用克拉、克还是磅来衡量并不重要。因此,他认为无须假定存在重量这样的对象。与此相似,他认为,当谈论信念时,我们亦无须承诺存在信念这样的对象。③

戴维森并不否认,测重与信念归属有些方面并不相似:我们依赖于与他人的语言交往从而产生关于数字特性和自然界中某种结构的一致意见,但在记录他人思想和意义时,我们无法用类似的方式就思想或句子的结构达成一致,因为对于后者而言,达成一致意见的过程依赖于解释的过程。但戴维森认为,这恰恰是理解心灵与物理世界差异的最终根源。④

或许有人因此认为命题态度应该就是虚的,但戴维森并不这样看:

> 正如在测量重量中,我们需要有一系列的实体,它们有这样一个结构,使得我们能在这个结构中反思被测重对象的关系,因此,在信念(以及其他命题态度)状态的归属中,我们需要一系列以各种方式相关的实体,它们容许我们记下不同心灵状态的相关特性以及它们之

---

① Davidson, "Introduction", *SIO*, p. xiii – xiv.
② Ibid., p. xiv.
③ Davidson, "What is Present to the Mind", *SIO*, pp. 59 – 60.
④ Davidson, "Three Varieties of Knowledge", *SIO*, p. 218.

间的关系。①

从这里可出，命题态度所表达的关系虽然不能单独存在，但是它们的归属是需要实体的。

二、命题态度的因果力

我们上面探讨了戴维森关于命题态度性质的说明，现在我们进一步考察命题态度的因果力。有人可能会问：既然命题态度只是一种"关系"，它们怎样可能具备因果力？我们注意到：戴维森一方面说信念和其他的命题态度是一种"关系"②，但他同时又认为，"没有充分的理由断定，信念和其他的命题态度不是真正的主观状态"③。这样看来，命题态度虽然被看作"关系"，但它们不仅仅是"关系"，它们还是倾向或状态。从概念看，由于信念、欲望与意向等心理词汇与人们常用的物理词汇不属于同一个领域，因此前者无法还原到后者；但从本体看，只有物理的东西。这其实就是变异一元的结论。

戴维森这样说明心理概念和说明，"像因果性概念自身一样，它们诉诸因果性只是因为，它们被设计成从引起某个事件的整体情况中仅仅挑出那些满足特定说明兴趣的因素。例如，当我们要说明行动时，我们想知道当事人的理由，因此我们就能亲自看到，诉诸当事人的行动是怎么一回事"④。当然，我们也可以把它们包含的规范性要素去掉，但是，"如果我们从心理说明中分离规范性方面，它们将不再起到它们该有的作用"⑤。

我们的分析表明，理由说明在很大程度上只是对倾向或状态的说明，这当然和普通的因果说明是不同的。但戴维森认为，即使是普通的因果说明，我们亦可通过谈及倾向来说明因果，而理由说明和这种说明是同一类的。他说：

> 通过提及可溶性可说明某事物并不是高度的科学，但它也不是空洞的，因为可溶性不只蕴含了概括，还蕴含了说明倾向的因果因素的

---

① Davidson, "What is Present to the Mind", *SIO*, p. 60.
② Ibid., pp. 59–60.
③ Ibid., p. 62.
④ Davidson, "Three Varieties of Knowledge", *SIO*, p. 216.
⑤ Ibid., p. 217.

存在：就可溶的方糖而言，存在某物，使得它在某个条件下使之溶化。①

同样，提及倾向的理由说明也不是空洞的。例如，如果警察知道某个人有杀人的理由，他即是知道，此人有一种杀人的倾向。那么，作为一名警察，他就能够通过密切注意其动向，来防止这件事情的发生。由于理由不是事件，人们对倾向的理解又无共识，即使承认有连接理由－行动之间的规律，也很难说就和变异一元论冲突。当然，戴维森也不得不承认："然而，按照我们一直描绘的特征，理由说明在某种意义上无疑是低层次的；它们比硬科学的最佳说明要弱，因为它们严重依赖因果倾向（causal propensities）。"② 总体来看，戴维森通过诉诸倾向给理由留下了因果说明的空间，但这种说明削弱了因果说明的力量。

---

① Davidson, "Hempel on Explaining Action", *EAE*, p. 274.
② Davidson, "Problems in the Explanation of Action", *POR*, p. 109.

第三章 行动与意向

维特根斯坦曾提出一个著名的问题：从我的手抬起来的事实到我举起我的手臂这个事实中，到底添了点什么东西？①

有人认为，添的东西是意志（volition）。根据这种理论，意向性行动是由意志引起的，例如，行动的意愿（willing）或者行动的意向（intention）。②戴维森反对这种看法。他认为无须添加东西，因为在众多的抬手的事件中，有一些事件本来就是我举起我的手臂的事件，正如一棵树，无须添加什么使之成为一棵橡树；某些树本身就是橡树。但他同时也承认，事件要成为行动，确实必须伴随着意向。但是，"意向不是行动的一部分，它是行动的原因。……所以，如果举起手臂的事件是意向引起的，无须在我的手臂抬起来的事件中添点什么"③。

我们前面已经探讨过，戴维森所说的意向和意向实在论支持的意向含义不尽相同。不管戴维森是不是一个严格的心灵反实在论者，他很大程度上是反对意向的实在性的。④尽管如此，意向概念依然可以被视为一个功能性概念，不同的人可以在这个框架下讨论问题。安斯康给我们提供了一种可能的框架，她把意向分为三类：将来意向的表达（expression of intention for the future）、意向性行动（intentional action）、行动时意向（intention in acting）。⑤安斯康对意向的讨论给戴维森的探讨提供了必要的基础。

既然对行动的讨论离不开意向概念。我们下面将从戴维森哲学的立场出发讨论他的意向理论。我们注意到，行动虽然可以用意向来描述，但这并不表明行动和意向是一致的。例如，在足球比赛中，我意向地射门，射门当然是我的行动，但如果我碰巧射中了门柱，射中门柱可不能说是我的

---

① 参见［英］维特根斯坦《哲学研究》，陈嘉映译，上海人民出版社2001年版，第250–251页。
② E. g., H. A., Prichard, "Acting, Willing, Desiring", *The Philosophy of Action*, Edited by A. R. White, Oxford University Press, Oxford, 1968.
③ Davidson, "Problems in the Explanation of Action", *POR*, p. 103.
④ 可参见《行动、理由与原因》（1963）、《意志软弱如何可能？》（1969）和《意图》（1978）等文章。本书后面有更细的论述。
⑤ G. E. M. Anscombe, *Intention (Second Edition)*, Harvard University Press, 2000, p. 1.

意向性行动。

戴维森前期对行动和意向的探讨主要体现在《行动、理由与原因》（1963）、《意志软弱如何可能？》（1969）、《能动性》（1971）、《行动的自由》（1973）以及《意图》（1978）中。他后期进一步阐述了这个问题，并对人们提出的一些异议进行了答复，如《行动说明中的问题》（1987）以及《亚里士多德的行动》（2001）。

本章的思路大体如下：首先，从戴维森的立场出发，表明区分行动和事件的关键在于意向概念，语法和因果概念都起不到这样的作用；其次，以实践推理为线索，讨论戴维森的侧重点从带意向行动转到意图的过程；再次，对意向和信念的关系进行了探讨，表明两者之间不仅存在逻辑关系，而且前者对后者的制约是通过减少选择做出的；最后，讨论了因意向异常而导致的异常因果链现象，以及戴维森及其追随者的解决思路。

第一节 区分行动和事件

戴维森在《行动的副词》一文中这样开头："行动是事件，而且，我们用来谈论行动的大多数语言手段都广泛用于事件。"① 去看电影、打球以及上学这些行动都是存在于时间空间的位置的事件。如果量化的话，像"我昨天看了电影"这样的句子可以写成：((x)（看（我，电影，x）&（x发生在昨天）。（可读作：存在这样一个事件x，x事件是我对电影实施的看的行动，并且x发生在昨天）

从直觉上看，仅仅发生在人身上的事件和人主动去做的事件是不同的。"恺撒死了"说明的仅仅是有一个事件发生在恺撒身上，但是，"布鲁图斯杀死了恺撒"说明的事件不仅仅是一个事件，它还是和布鲁图斯相关的一个行动。

要说明哪些生在人身上的事件是行动，并不是件很容易的事。譬如咳嗽，这很可能只是一种本能的生理反应的普通事件，但倘若某人于某时在某地通过咳嗽发出抢劫信号，他的咳嗽就应被视作行动。

---

① Davidson, "Adverbs of Action", in Vermazen, B., and Hintikka, M. B (ed.), *Essays on Davidson: Actions and Events*, Oxford University Press, 1985, p.230.

一、语法能区分行动和事件吗

一种做法试图这样区分事件和行动。手臂运动是手臂的事件；但是，当我运动我的手臂时，这是和我相关的事件。作为行动的事件必须是人做的事件，而不是身体的事件或者身体某一部分的事件。根据这种区分，我们不说某人流血了，我们说他的手臂流血了；与此类似，我们也不说某人长高了，我们说他身体长高了。①

但是，不是所有的行为都这么容易诉诸身体的，例如，我们不能把某人打嗝说成是他喉咙打嗝。同样，如果某人死了，我们通常也不说某人的身体死了。它虽然在某些方面能够帮助我们辨识两者的区别，但并不具备普遍性。因此，必须另辟蹊径。

二、因果概念能区分行动和事件吗

戴维森探讨了因果概念确定能动性的可能性。因为在日常谈话中，人们常常是通过因果来说明行动的，而且这种说明也不排除意向。这样，因果概念能帮助我们区分行动和事件吗？戴维森的答案是否定的。

戴维森首先反对诉诸事件因果性（event causality）的观点，根据这种观点，当一个事件是另一个事件的原因时，我们可借助事件因果性来说明它们之间的关系。如果张三带着杀死李四的意向用刀砍死了李四，那么，当我们说"张三砍死了李四"时，它指的是：张三做了一件引起李四死亡的事情。此处有两个事件：一个事件是张三做的事情，另一个事件是李四之死亡。并且，第一个事件引起了第二个事件。这种分析无疑是有理由的，但它并没有真正解决问题。因为随着时间的推移，行动的结果越来越多，行动的描述则可能越来越多。在上面的例子中，关于行动结果的事件的描述依次可能有以下三种情形：①李四之受伤；②李四之受重伤；③李四之死。于是，行动的再描述述可能相应为以下三种：①张三之砍伤李四；②张三之重伤李四；③张三之砍死李四。

摆脱这种困境的一种做法是对范伯格（Joel Feinberg）所说的"手风琴样效应"（accordion effect）做出描述，这是我们用来描述行动的一个重要特

---

① See Irving Thalberg, "Verbs, Deeds, and What Happens to Us," *Theoria*, 33 (1967), pp. 259–277. 为和本书其他地方一致，本处表述和原文有一点变化。

征。① 例如，如果我在伸手推门时撞到了琼斯先生，那么，我不仅推开了门，我还撞到了琼斯先生。此外还有一个不是手风琴样效应的事件——门撞到了琼斯先生，实际上，它只是事件因果性的省略，"门撞到了琼斯先生"说的其实是：门的移动引起了琼斯先生之跌倒。只有行动才受手风琴样效应约束。这样，我们对行动的描述全部转到手的运动，并把我之行动描写成"我之推门"或"我之撞到琼斯先生"。而且，这种说明无须涉及意向。

这似乎表明，手风琴样效应可被视为能动性的一个标志。问事件是否蕴含能动性的情形就是问我们能否把结果归于某个人。戴维森不太满意这种说明，"事件因果性能把行动的责任转到行动的结果，但它不能说清楚其他事件所依靠的第一个归因"②。他又说，"因果性容许的再描述行动的方式不适用于其他事件的再描述；这是行动的一个标记，但它分析不了能动性"③。

此外，戴维森还反对诉诸行动者因果性（agent causality）的做法。第一章已经分析过，戴维森认为全部行动最后都可以归结到原始行动，从而归结到身体运动。那么，在面对原始行动的说明中，行动者因果性的观点怎样才能说清楚当事人和事件的关系呢？戴维森认为，它面临一种进退两难的局面：如果当事人之引起行动是一个和原始行动不同的事件，它要面对"意志作用"（acts of will）甚至更麻烦的问题；如果它们是同一个事件，看起来说某人引起一原始行动和说他是当事人没什么区别。④ 在第一种情形中，它们要么是行动，要么不是。如果是，能动性问题依然存在；如果不是，"我们被迫要诉诸更模糊的概念——非行为的原因这个概念解释能动性"⑤。

通过对事件因果性和行动者因果性的分析，戴维森否认了我们用因果概念分析能动性的可能性。

三、意向概念是区分行动和事件的关键

对于戴维森而言，没有其他概念比意向这个概念更适合说明能动性（因此也就是行动）了。下面我们进一步看看他的相关说明。

---

① From Davidson, "Agency", EAE, p. 53.
② Davidson, "Agency", *EAE*, p. 49.
③ Ibid., p. 60.
④ Ibid., p. 52.
⑤ Ibid., p. 52.

戴维森说，"意向蕴含能动性"①。这是比较容易理解的，人们的大多数行动都是意向性行动。例如，对于一个遵守纪律的学生来说，他每天在学校做的一些事情几乎都是顺理成章的：他到教室，他听课，他做作业。这些行动都是意向性的，它们确实蕴含了人的能动性。

他同时又断言，"能动性并不蕴含意向"②。例如，我以为杯子里的东西是旧茶，我把它倒掉了，但是事实上杯子里的东西却是新茶。在这个例子中，倒新茶不是我的意向性行动，但它却是我的行动，它包含了能动性。虽然能动性不蕴含意向，但对能动性的说明却离不开意向。戴维森说：

> 如果某个人所做的事情，能够在某一方面使之是意向性的，那么，他就是这个行动的当事人。③

如果谈论的不是行动，而是关于行动的句子和描述，情况也与之相似，戴维森说：

> 一个人是一个事件的当事人当且仅当存在一个描述，使得他所做的事情使这样一个句子成真，这个句子表明他是意向性地做这件事的。④

这个标准很容易说清楚为什么上面倒掉新茶是我的行动，尽管它不是意向性的。说倒掉新茶是这个人的行动，就是因为存在一个描述，这个描述使得他是意向性地倒掉茶杯里的东西的。同理，这也可以解释一些涉及语义内涵的句子为什么是行动，例如：

（1）哈姆雷特意向性地杀死屏风后面的那个人。
（2）屏风后面的那个人是波洛尼厄斯（Polonius）。
（3）哈姆雷特意向性地杀死波洛尼厄斯。

在上面的例子中，虽然屏风后面的那个人=波洛尼厄斯，但是，由于这是一个内涵语境，从（1）至（3）的替换是失效的。但是，哈姆雷特之杀死

---

① Davidson, "Agency", *EAE*, p. 45.
② Ibid., p. 45.
③ Ibid., p. 46.
④ Ibid., p. 46.

屏风后面的那个人和哈姆雷特之杀死波洛尼厄斯却是等值的，这也就说明为什么哈姆雷特之杀死波洛尼厄斯是其行动，这是因为存在一个意向性描述，使得哈姆雷特之杀死屏风后面的那个人的行动是意向性的。

或许一个遗憾就是，我们未能根据上面这个标准判定一个和人相关的事件是不是行动。例如，撞到一位警察、摔下楼梯是行动吗？戴维森的答案是，成为行动是某些事件的特征，它们跟行动怎样被描述是独立的。我们没有理由，仅仅从一个事件的某个特征（如撞到警察），就说它是否是一个行动。

戴维森承认，诉诸意向来判定能动性仍然存在遗憾，因为分析表明：能动性概念比意向概念更为根本，但他认为，我们还没有找到可以不借助意向来说明能动性的其他途径。因此，戴维森最后得出结论："我放弃了不诉诸意向对能动性概念分析所做的寻求。"① "如果一个事件是行动，那么，在某个（或某些）描述中它是原始的。同时，在某个（或某些）描述中它是意向性的。"②

第二节　实践推理中的意向概念

行动的因果论支持者面对一个问题，即使人们承认理由和行动存在因果关系，他们也必须说清楚行动说明模式。罗伯特·奥迪（Robert Audi）说："因理由而行动似乎就等于说行动是在实践推理基础上进行的。"③ 这一点得到了许多新近哲学家的赞同。

安斯康在《意向》一书中虽然花了很大篇幅讨论意向性行动，但她还是认为意向性行动依赖于行动时意向。④ 戴维森接纳了安斯康的意向分类，但他的意向理论的侧重点前后并不相同，他说：

当我写第一篇论文⑤时，我相信安斯康区分的三种意向概念［带意向行动（acting with an intention），意向地行动（acting intentionally），

---

① Davidson, "Agency", *EAE*, p. 55.
② Ibid., p. 61.
③ R. Audi, "Acting for Reason", in A. Mele (ed.), *The philosophy of action*, Oxford University Press, p. 78.
④ G. E. M Anscombe, *Intention* (Second Edition), Harvard University Press, 2000, pp. 30–36.
⑤ 即《行动、理由与原因》(1963)。

以及意图去行动（intending to act）]的主要用法中，第一种是最基本的。我在该文中这样论证，意向地行动其实就是带意向行动。至于意图概念，我则认为，借助其他两个概念将很容易理解它。我错了。当我最后着手处理它时，我发现它是三种概念中最难的；和我最初观点相反，它似乎才是最基本的概念，其他两个概念都依赖于它；不过，我所取得的进步部分破坏了第一篇文章的主题——即，"该行动据以做出的意向"不指任何一类的实体或状态。①

下面试从实践推理的角度来说明戴维森意向观的变化以及所面临的难题。

一、带意向行动

刚开始，戴维森接受的是实践推理的演绎模式说明。他承认，在《行动、理由与原因》（1963）一文中，自己支持"行动理由的命题表达式跟相应的，通过这些理由解释的行动命题的关系是演绎关系"② 这种观点。这本质上是亚里士多德意义上的实践三段论，当事人的理由被视为实践三段论的前提，行动则被视为实践三段论的结论。

由于能动性的关键在于意向概念，所以，对实践推理的讨论不可能离开对意向概念。在前期，他对意向（包括对将来的意向）的分析似乎采用的是还原的方法，即，试图把意向还原成更基本的东西——理由（信念-欲望）。维特根斯坦似乎也持类似的观点，他在《哲学研究》第647节中说："什么是意图的自然表达？——看看猫怎样悄悄接近一只鸟，看看一只想要逃跑的野兽。"③

戴维森说，"知道某人为什么如此行动的基本理由便是知道该行动据以做出的意向"④。于是，如果詹姆斯带着去教堂的意向去了教堂，而且我们还知道他的基本理由是：

（1）他有取悦母亲的欲望。
（2）他相信去教堂是取悦母亲的一种方式。

---

① Davidson, "Introduction", *EAE*, p. xvii.
② See Davidson, "Introduction", *EAE*, p. xvi.
③ [英] 维特根斯坦：《哲学研究》，陈嘉映译，上海人民出版社2001年版，第258页。
④ Davidson, "Actions, Reasons, and Causes", *EAE*, p. 7.

那么，我们就知道：他带着去教堂的意向行动时是因（1）和（2）而行动的。这是他举的又一个例子：带着做松鼠笼子意向的人把木板钉在一起时，他一定是想要做一个松鼠笼子，或者认为他应该（确实有更多的理由）这样做。同时，他还一定相信，他将通过把木板钉在一起而促进计划。① 不过，他认为，"'詹姆斯去教堂所抱的意向'这种表达式具有一种描述的外在形式，但事实上，它是非自足的语词，而且不能认为它指称了一个实体、一种倾向或一个事件"②。这种分析有一个优点，我们无须在理由和行动之间引入作为媒介的意志活动。这种思路概括起来大致就是：如果一个行动系由使其合理化的态度和信念以恰当的方式引起，那么，该行动被履行时带着某意向。

按照戴维森的策略，我们可把"詹姆斯意向性地去教堂"这样的意向性行动归结成诸如"詹姆斯带着……意向去教堂"这样的带意向行动。倘若詹姆斯带着取悦母亲的意向做了这件事情，其意向和行动无须分开；而在只有意向，没有行动的情况时，也可以解释成该行动一旦履行，情况就是如此。

这就是戴维森在《行动、理由与原因》（1963）这篇文章关于意向的思路。哈曼（Gilbert Harman）认为，这种思路可能诱使我们接受下面这个原则：

> 意向性行动总是有意的推定原则（Putative Principle That Intentional Acts Are Always Intended）：如果一个人意向地行动，可以推出他意图以那种方式行动。

哈曼反对该思路。理由有二：①要避免反例，必须对信念和欲望引起行动的方式进行描述，但是这种描述离不开意向。例如，说一个行动是意向性的当且仅当该行动是一个人意图期望的方式导致的信念和欲望的结果。②这种思路不能延伸到否定和条件意向，甚至也不能延伸到当前发展中的稍后要做某事的正面意向。③

或许可以从两方面回应哈曼：戴维森的确对信念和欲望引起行动的方

---

① Davidson, "Intending", *EAE*, p. 83.
② Davidson, "Actions, Reasons, and Causes", *EAE*, p. 8.
③ Gilbert Harman, *Change in View: Principles of Reasoning*, Cambridge, Mass.: MIT Press, 1986, p. 89.

式进行了描述，而且这种描述也不排除意向的。这种描述方式的基本思路就是：理由以"恰当的方式"引起意向且意向"以恰当的方式"引起行动。但"恰当的方式"是什么呢？戴维森没讲，但另外一些哲学家则设想出一些方案来填补这个缺口，而且取得了一定成就；至于哈曼反对的第二个理由，戴维森的《意图》（1978）一文中应该是蕴含着回应的，因为在该文中，他转而把意向看作一个赞成某行动要优于其他行动的全面的评价，按照这种分析，否定意向就是达成不做某事的全面的判断，而当前发展中的稍后要做某事的正面意向也可以理解为正在形成一种赞成某行动要优于其他行动全面的判断，如果条件许可，这种全面的判断将以"恰当的方式"引起行动。①

就算没有这些挑战，实践推理的演绎模式也面临困境，因为这种推理往往会得出荒谬的结果，安斯康很早就指出了这点。② 戴维森在《行动、理由与原因》（1963）一文中并没有给出一个实践推理的例子。但他在《意图》（1978）一文中给过一个相应例子③：某人带着改善口感的意向给炖菜加鼠尾草（可用作调料）。结合信念和欲望，这个实践推理似乎可分析为：

(a) 就会改善炖菜口感而言，某人的任何行动都是可欲求的。（大前提）
(b) 某人相信加鼠尾草于炖菜中将改善口感。（小前提）
(c) 就会改善炖菜口感而言，他加鼠尾草于炖菜的行动是可欲求的。（演绎结论）

在行动得到履行时，实践三段论的结论和行动不必分开。但这种推理是有缺陷的。其大前提是不切实际的，因为人们常常会面临很多不相容的选择。以"……行动是可欲求的"为前提的实践推理（实践三段论）会面临矛盾。以一块毒糖果而言：如果我有吃甜的东西的欲望，并且我相信吃这块糖果是实现我欲望的一种方式，那么，吃下这糖果便是我所欲求的；但是，吃毒药并不是我所欲求的，而我相信吃这糖果就是吃下毒药，那么吃下这糖果不是我所欲求的。因此，我们被迫得出结论：吃这块糖果既是我欲求的又是我不欲求的。这种矛盾当然是我们推理过程中不允许的。而且，涉及"将来的意向"（即"意图去行动"）的问题时，情况并没有这么简单，因

---

① 本章第四节对"恰当的方式"有更多的描述。
② G. E. M Anscombe, *Intention（Second Edition）*, Harvard University Press, 2000, p.79.
③ Davidson, "Intending", *EAE*, pp.85–86.

为人们完全可能只有意图而永远也不去行动。

二、意图

后来，戴维森认识到，在三种意向类型中，反而是意图去行动才是最难理解的，而且，表示将来的意图还决定了另外两种意向。他在《意图》（1978）一文开头如是说：

> 在缺乏决定、熟思、形成的意向以及相关的推理的情况下，某人可能意图做一个松鼠笼子。尽管他有此意向，他可能永远也不会付诸行动，他可能不做尝试，他甚至可能不做任何和带着做松鼠笼子的意向相关的事情。①

这种思路当然和他早期在《行动、理由与原因》（1963）一文中提出的意向不同。这种转变先见于《意志软弱如何可能？》（1970），成形于《意图》（1978）一文。由于这种对意向性行动和实践推理的演绎模式说明与戴维森支持存在不自制行动的假设相矛盾，所以他要设法解决这个矛盾。他的具体做法就是把行动的可欲求性看成是表面（prima facie）判断，表面判断是条件判断（conditional judgement）。以毒糖果情形为例，可化为两个表面判断：就糖果是甜的而言，吃它是可欲求的；就糖果是毒的而言，吃它是不可欲求的。经过这样的分析，说我吃毒果是可欲求的又是不可欲求的不再是矛盾的，因为这里特征是通过两个不同的小前提来说明的。

和条件判断相对立的则是无条件判断（unconditional judgement），赞成某行动是可欲求的全面的判断（all-out judgement）。意向性行动和诸如"做a要比做b好"这样的无条件判断相适应。戴维森说："因此，和行动相应或同一的判断不可能是一个表面判断；它必定是一个全面的或无条件判断，如果我们用言语表达它，它的形式类似于'该行动是可欲求的'。"② 戴维森试图表明，意向就是一个赞成某行动要优于其他行动的全面的评价。在意向性行动情形中，行动被视为"该行动是可欲求的"这种形式的无条件的（或全面的）判断的结果。戴维森在某种意义上不再反对意志作用这个概念，但实际上这种倒退和前期观点并无本质的不同，因为，他认为当我意向性地去歌剧院时，我所接受的赞成我行动的这个全面的评价命题不必和

---

① Davidson, "Intending", *EAE*, p. 83.
② Davidson, "Intending", *EAE*, 2001, p. 98.

我去的行动区分开来。这就是他说的,亚里士多德所认为的结论相对应于行动仍然是有效的。① 当然,如果我所接受的这个全面性的结论(在这里指意向)没有和行动分开的话,它就不可能是我行动的原因。

视意向为全面判断的做法是既有逆推的一面,也有顺推的一面。就意向的逆推而言,人们必须由此谈及对它的辨明及与之相关的实践推理。"在纯意图的情形中,现在我提出,意向只是一个全面的判断。"② 就意向的顺推方面,人们必须能够由此而产生满意的关于行动的说明。戴维森试图把全面性这个概念从意向性行动扩展到指向将来的情形。在行动的理由只有一种时,我只接受某种表面评价命题;当我实际为这些理由行动时,而且是意向性行动时——我就接受了恰当的全面评价命题。与此类似,当我想起我明天意图去参加演奏会时,我就接受了一个指向将来的、赞成我参加演奏会的全面评价命题,因此,我将来的意向就是这种全面的评价。布莱特曼(Michael Bratman)对此提出了疑问,他说:"但是,当我意图去参加明天的演奏会时,我的脑中并无单一的、具体的参加演奏会的行动。而且,或许世界上永远没有一个实际的、具体的参加演奏会行动来判断这种可欲求性。所以,我的意向怎么可能是全面的评价呢?"③ 但戴维森认为,即便是将来的意向,也仍然可能像其他实体一样,有唯一的描述,所以能够像其他物体一样进行"识别(pick out)",甚至可用索引词的方式表示,他说:"我希望,'下一次我在巴黎饮法国绿茵香酒'可用唯一的将来行动识别,正如我相信'我现在打"word"这个词的行动'能被识别一样。"④

通过这种说明,戴维森得出了将来的意向和意向性行动都是实践推理的结论。戴维森这样说:"就第一点而言,找到一种关于意图的说明和意向性行动的说明融在一起的方法,我们设计了一个令人满意的方式,该方式把这两个概念联系起来,但是,我们只引入了一个新的要素,即全面的判断,来分析意向性行动。"⑤

要注意的是,虽然开始承认意向作为实体的可能性,但他依然没有给意向以本体地位,他说:"我希望,无须以一种或以另一种方式承诺状态的本体论。意向的独立性是逻辑的:它不能从行动的理由以及相应的行动那

---

① Davidson, "Intending", *EAE*, 2001, p. 99.
② Ibid., p. 99.
③ Michael Bratman, "Davidson's Theory of Intention", in B. Vermazen and M. B. Hintikka (ed.), *Essays on Davidson: Actions and Events*, Oxford University Press, 1985, p. 17.
④ Donald Davidson, "Reply to Michael Bratman", *in* B. Vermazen and M. B. Hintikka (ed). *Essays on Davidson: Actions and Events*, Oxford: Clarendon Press, 1985, p. 198.
⑤ Davidson, "Intending", *EAE*, p. 101.

里推出存在一个意向，该意向是以那些行动的理由为基础的。"①

尽管戴维森视将来的意向为全面的判断，而且还持意向是一种不能还原的心理态度的观点。但另外一些哲学家持不同看法。受格莱斯（H. P. Grice）和哈曼（Gilbert Harman）的影响②，威勒曼（David Velleman）坚持意向就是信念的观点，认为意向等同于"实现欲望激发的自我实现（self-fulfilling）的期待，其中，这些期待对它们自己进行了自我描绘"③。布莱特曼（Michael Bratman）则发展了一种意向的计划理论（the planning theory of intention）。他认为，意向既不是欲望，也不是信念，它们是计划。他把意向看作行动的一些不完全计划，这些计划在推理中起到核心作用，它们在我们生活中的首要作用和协调、组织相关。这些计划不仅有助于把熟思的影响延伸到此刻以外，而且在社交上，它们有助于对当事人的生活进行协调。④

第三节　意向与信念的关系

我们刚才简要讨论了戴维森实践推理中的意向概念，但尚未进一步探讨意向与信念的关系，而这是戴维森意向观的一个重要问题的核心。下面将从他的立场出发，依次讨论三个问题：意向是信念吗？意向和信念有逻辑关系吗？意向如何受信念制约？

一、意向是信念吗

戴维森反对把意向看作信念的做法。他举了一个有力的例子：

> 当我在这张纸上用力书写时，我可能意图制作出 10 张字迹清楚的复写副本。我不清楚，或者是不相信，我就要成功了。但是，如果我

---

① Davidson, "Reply to Michael Bratman", in B. Vermazen and M. B. Hintikka (ed.) *Essays on Davidson*: *Actions and Events*, *Oxford University Press*, 1985, pp. 196 – 197.

② See H. P. Grice, "Intention and Uncertainty", *British Academy Lecture*, Oxford University Press, London, 1972; Gilbert Harman, *Change in View*: *Principles of Reasoning*: *Chapter 8*, Cambridge, Mass.: MIT Press, 1986.

③ David Velleman, *Practical Reflection*, Princeton: Princeton University Press, 1989, p. 109.

④ Michael Bratman, Intention, *Plans*, *and practical Reason*, Harvard University Press, 1987.

正在制作 10 张复写副本，我当然是意向性地做这件事的。①

指向将来的纯意图情形亦可做类似的区别。

哈曼对戴维森这类论证进行了反驳，他说，如果一个人尝试做某件成功率很低的事情来说这个人意图成功是不正确的。例如，在打高尔夫球的时候，简（Jane）试图远距离高难度地推杆进球。让我们比较以下两种说法：①简意图推杆进球；②简意图去尝试推杆进球（或简希望推杆进球）。第一种说法①其实只是赋予成功信心于简，而第二种说法②并不蕴含这样的意思。② 与此相似，在戴维森制作 10 张复写纸的例子中，如果制造者不打算表达类似的信心，他已表达出来的意向应该只是尝试制作它们。因此，戴维森的例子的存在并不能推出意向不是信念的结论。

但另一些哲学家反对哈曼的论证。例如皮尔斯认为，尝试做某事的意向和意向做某事的内容并无不同。他的论证如下："当尝试失败后，如果问我是否已做了自己意图做的事情，我的答案是否定的。"③

威勒曼这样评论戴维森的观点：

> 如果戴维森不知道他制作 10 张复写纸的尝试成功与否，那么，在制作这些复写纸时，他不可能已做决定或被决定。在他能把制造这些复写纸作为他的目标的意义上，他当然还能意图去制作它们。但在我的意义上说，他能意图的至多只是——也就是说，他至多能决定的是——尝试。因此，在我用词的意义上，戴维森的例子不适用于他相信自己会做却又意图做某事的情形。④

戴维森对此种观点的答复是：虽然有一些情形中称一个人只是意图尝试做某事，但这并不是普遍适用的。⑤ 对此种观点而言，意图做某事被描写成意图尝试做某事属于一种不完全或省略的说法。如果全部条件都被给出的话，意向和指向未来行为的信念的内容相同。戴维森更进一步批判这种

---

① Davidson, "Intending", *EAE*, p. 92.
② Gilbert Harman, *Change in View: Principles of Reasoning*, Cambridge, Mass.: MIT Press, 1986, p. 91.
③ D. F. Pears, "Intention and belief", in B. Vermazen and M. B. Hintikka (ed.), *Essays on Davidson: Actions and Events*, Oxford University Press, 1985, p. 86.
④ David Velleman, *Practical Reflection*, Princeton: Princeton University Press, 1989, p. 116.
⑤ Davidson, "Intending", *EAE*, p. 92.

观点。试看格莱斯的一个例子①:

> X. 我意图去周二的演奏会。
> Y. 你将会享受此演奏会。
> X. 我可能不在那。
> Y. 恐怕我理解不了你的意思。
> X. 警察在周二要问我一些愚蠢的问题,因此到周二晚上我可能会在监狱里。
> Y. 那么你一开始就应该说,"如果我不在监狱里,我意图去演奏会"或者,如果你想少说一点的话,你应该这样说:"我应该可能会去""我希望去""我打算去",或"如果我能去的话,我意图去"。

格莱斯本人并没把这当作一个省略的例子来讲,但他确实认为:在严格的意义上来说,只有在"X 相信自己会做 A"时,"X 意图做 A 为真"。

对于戴维森而言,这种把意向看作信念的想法其实于事无补。因为对"如果没什么阻止我,我就意图去"这样的信念来说,"它几乎没告诉我们什么,它没有说到和当事人相关的将来信念,它也没有说到他将实际上会做什么"②。因此,戴维森认为,这种条件其实只是"虚假的条件"(bogus conditions)。当然,他也不否认存在真正的条件意向(genuine conditional intentions):

> 存在真正的条件意向,但我认为,它们的形式和"如果我能,我就意图去",或者"如果没改变主意"是不同的。当我们明确地考虑了各种偶然性时,真正的条件意向就是恰当的;例如,如果音乐太闹了,某人可能意向离开晚会,早点回家。如果我们问起真正使意向的陈述更精确的条件和像"如果我能"……这样的虚假的条件之间的区别是什么。似乎对我而言,不同之处在于:真正的条件是这样一些条件,它们是伴随着意向的行动的理由。某人或许不喜欢吵闹的音乐,那或许就是他为什么在音乐太闹的时候,意向早点回家、离开晚会的原因。他之不能早点回家并不是赞成或反对他早点回家的理由,因此这不是

---

① H. P. Grice, "Intention and Uncertainty", *British Academy Lecture*, Oxford University Press, London, 1972, pp. 4 – 5.

② Davidson, "Intending", *EAE*, p. 94.

意向相关的一个条件。①

此外，戴维森还给出了反对把意向看作信念的"最强论证"②。意图做某事和相信一个人会做某事的理由一般来说是不同的。意图做某事需要一些理由，但这些理由本身给不出相信会做某事的理由；而相信一个人做某事的信念则需要"另外的假定"（additional assumptions），譬如和一个人心理状态和心理过程相关的信念。③

二、意向和信念有逻辑关系吗

皮尔斯（D. F. Pears）在《意向与信念》一文的开头问："我意图做一个 Φ 行动这个陈述和我相信我会做这样一个行动的陈述联系是怎样的？"他接着说，"人们通常假定，和未来相关的真实信念是意图的本质部分，因此第一个陈述蕴含（implies）了第二个陈述"④。由于戴维森认为前者隐含（implicates）后者的关系是可以取消的，因此人们通常还认为他的意见和传统相异。皮尔斯试图表明：戴维森的理论和传统的观点不见得是水火不相容的，它们是可以共存的。⑤ 下面我们将结合皮尔斯的阐述说明戴维森的观点。试看下面两个陈述：

(1) 我意图去周二的演奏会。
(2) 我相信自己去参加周二的演奏会。

(1) 能衍推（entail）出 (2) 吗？传统的观点（信念是意图的本质部分）肯定持支持态度，格莱斯的观点也一样；而戴维森认为，这种衍推关系是可以取消的。⑥ 戴维森的观点无疑和传统的观点相异，但这种差异有没有大到水火不相容的地步呢？皮尔斯（D. F. Pears）的答案是否定的，他试图对

---

① Davidson, "Intending", *EAE*, pp. 94–95.
② Ibid., p. 95.
③ See Davidson, "Intending", *EAE*, p. 95.
④ D. F. Pears, "Intention and belief", in B. Vermazen and M. B. Hintikka (ed.), *Essays on Davidson: Actions and Events*, Oxford University Press, 1985, p. 75.
⑤ "Intention and belief", *Essays on Davidson: Actions andEvents*, Oxford University Press, 1985, p. 75.
⑥ See Davidson, "Intending", *EAE*, pp. 91–96.

戴维森的观点和传统观点进行调和。①

皮尔斯认为，戴维森的理论和"传统观点"以及格莱斯的含意（implicature）理论并不对立。因为戴维森很大程度上也是接受传统观点的。"如果我在某些条件下说'我意图做这件事''我将会做这件事'或'我应承做这件事'，那么，我就把我自己描绘为（represent myself）我相信自己会做。"② 但戴维森进一步说："可能是说话蕴含了信念，而不是意向。"③ 他更是进一步提出一个制作10张复写纸的例子，表明意向并不蕴含信念。

皮尔斯认识到，"使传统理论免受反例攻击的唯一途径是，做出一个和意图相关的将来的真实信念的更精细的说明"④。"蕴含"所面临的问题是要解决一个人对将来的行动所持的信念的强度问题，他的一个备选方式是，蕴含的信念（implied belief）是"我的意向赋予我的行为（performance）某种可能性"⑤。他进一步论证，含意（implicature）理论不仅和传统的蕴含（implication）理论相容，而且它是以它为基础的。⑥ 因此，他认为戴维森的观点和格莱斯的会话含意的理论也没有本质上的矛盾。

戴维森对皮尔斯的质疑做了答复。⑦ 他首先说明，他的意向理论（即把意向等同为某种"全面的"或"无条件的"评价态度）的对手不是"传统理论"，而是"把意向等同于行动"和"把意向等同于信念"的观点。至于所谓的"传统理论"，他承认自己确实也是反对这种观点的，而且皮尔斯也表示了赞同。但是，如果因此而认为这两者之间不存在逻辑关系，这则是对他的误读。他一再强调，如果当事人相信他不会做某事的话，那么，他就不可能意向地做某事。这个联系就是逻辑蕴含的联系，而且它们之间的联系也不会因为话语而取消。正是在这个方面，皮尔斯和戴维森显出了出人意料的一致性。如果蕴含的信念是指"我的意向赋予我的行为某种可能性"，正如皮尔斯所说：

当某人意图做一个行动时，他必须有一个对其将来的……行动的

---

① D. F. Pears, "Intention and belief", in B. Vermazen and M. B. Hintikka (ed.), *Essays on Davidson: Actions and Events*, Oxford University Press, 1985, pp. 75 – 88.

② Davidson, *EAE*, p. 91.

③ Ibid., p. 91.

④ D. F. Pears, "Intention and belief", in *Essays on Davidson: Actions and Events*, Oxford University Press, 1985, p. 77.

⑤ Ibid., p. 80.

⑥ Ibid., p. 85.

⑦ Davidson, "Reply to David Pears", in *Essays on Davidson: Actions and Events*, pp. 211 – 217.

正面信念,但是他正面信念的精确内容可能会从最小限度起产生变化。他必须有一个正面信念的理由和他向任何其他人宣布的信念没有关系。它仅仅是意向本身的一个关键部分。①

戴维森对此表示了赞成,虽然这里没说"最低限度的信念",而是说它是意向的一个"部分"。如果"正面"信念指的是主观或然性大于零,这也正是他所坚持的观点。如果意向和信念之间的概念联系不是像传统理论所认为的那种蕴含关系,戴维森承认意向做某事和做某事之间确实存在"最低限度信念",即相信他会做这件事的主观或然性大于零。

那么,该怎样解释意向和信念之间的联系?戴维森的答案大致如下:从根本上看,当事人意图做某事的理由和当事人意向地做某事的理由是同一类的:它们都由欲望和信念组成。假如某人意图打扫房间,那么,原因肯定是,存在某种值得他打扫房间的价值(或许是因为他想让人赞美一下),并且他相信通过打扫房间他就有机会得到自己所要的。这就表明,意向和信念之间确实存在概念的联系,可以解释为什么意向蕴含着当事人肯定相信有可能达到他所意向的目标。

从上面可以看出,意向和信念确实存在一些本质的联系。但是,我们想要知道的是,为什么具有意图的当事人一定会相信存在某种可能性促使他走出第一步?戴维森的分析分为两部分。首先,支持性态度和行动之间存在概念联系。如果某人喜欢听音乐,那么,他肯定倾向做这样一些行动,这些行动将使他更有可能听音乐。其理由是这样,他要做这些行动时,他是会有表面理由,并且,在那些情形中,这些理由胜过了其他理由,他会行动。无条件的评价态度(如意向)和行动的联系更强,如果某人形成马上就要行动的意向,并且没有任何外在障碍,他行动了。其次,因为意向需要某种可能性信念的存在,这种可能性就是他能够按意图行动的可能性,如果当事人意图在那一时刻行动,他就必须相信他将意向做的行动有一定可能性。当然,这里的那一时刻是存在一些模糊的地方的,但只要相关的信念、欲望和意向没有改变,而且没有外在障碍,我们就应该相信行动会进行下去。

总而言之,虽然戴维森认为意向和信念之间不存在传统观点支持的蕴含关系,但他并不否认两者存在概念联系,即,意向蕴含了"最低限度"信念的存在。

---

① D. F. Pears, "Intention and belief", in B. Vermazen and M. B. Hintikka (ed.), *Essays on Davidson: Actions and Events*, Oxford University Press, 1985, p. 81.

三、意向如何受信念制约

我们前面已经表明，戴维森反对把意向看作信念的观点，但他同时又坚持两者之间依然存在逻辑关系。下面我进一步要讨论的就是：意向如何受信念制约？

在戴维森的意图理论中，意图被视为一种全面的判断。这种观点必须能够解释人们有时为什么有此意向而不是彼意向。戴维森说，"意向的存在是受我的信念条件所制约的"[①]。同时，他还认为，全面的判断和信念是一致的。例如，如果我意图下午打球，我至少不能认为那样做是浪费时间。

但布莱特曼认为，戴维森还是没说清楚这些信念。[②] 布莱特曼问："当我意图参加晚上的演奏会时，我必须相信些什么？"下面是制约未来意向的三个可能的信念的必要条件：

(1) 我之参加演奏会和我的信念相容。(My going to the concert is consistent with my beliefs.)

(2) 我相信我能参加演奏会。(I believe I will be able to go.)

(3) 我相信我将去参加演奏会。(I believe I will go.)

根据戴维森的理论，作为最基本的条件，(1) 必须满足。如果我相信参加演奏会会浪费时间，那么，我当然不会去。至于 (3)，对于戴维森来说，它不是必然的推论，因为他并不相信意图和信念之间存在蕴含关系。那 (2) 又如何呢？

布莱特曼给出三个理由，表明戴维森为什么把拒绝把 (2) 作为我将来意向的一个条件。这三个理由分别如下。

首先，在前面所举的格莱斯的例子中，如果我认为自己今晚可能在监狱，并且因那个理由不相信自己会去演奏会。格莱斯宣称，我并不是真正意向去，而很可能只是在表达一种希望或者能去就去的条件意向。戴维森并不同意这一点。他宣称，在这样的情形中，我依然可能意向去参加演奏会，(2) 因此不能被看作必要条件。其次，戴维森制作10张复写纸的例子也表明 (2) 没有作为我将来意向的一个条件。最后，戴维森简单和条件意

[①] Davidson, "Intending", *EAE*, p.100.

[②] Michael Bratman, "Davidson's theory of Intention", in B. Vermazen and M. B. Hintikka (ed.), *Essays on Davidson: Actions and Event*, Oxford University Press, 1985, p.18.

向的区分也表明他没把（2）作为我意向的必要条件。

布莱特曼然后对戴维森的理论提出了两个疑问。① 这两个问题都是以将来的意向必须是聚合的（aggolomative）为前提，即当某人分别意图做 A 而且意图做 B 时，那么可以推出某人意图做 A 且 B。但是，他认为戴维森关于将来的意向的观点恰恰不能满足这一点。

第一个问题是古老的布里丹问题（Buridan problem）的变形。布里丹有一头驴子，他想知道，在同等欲望的情况下，这头驴子怎样在两堆草之间选择，并意向性地去其中的一堆草的。布莱特曼提出的问题是：在面临将来同等可欲求的选择时，和将来意向相关的可能性是怎么一回事。

问题可这样表述：假设我知道下班后我将逗留在甲乙两家书店中的一家，但不会两家都逗留。我还发现，这两家书店对我有同样的吸引力。现在的问题是，我做出全面的判断：考虑到信念，我任何逗留在甲书店的行动恰好和我任何逗留在乙书店的行动是同等可欲求的。戴维森的理论能推出我有两个意向吗？能推出没有意向吗？

布莱特曼相信戴维森在此处陷入泥潭，因为他的理论不能处理同等可欲求性的意向之间的选择。一个赞成行动的全面可欲求性无疑是可比较的。布莱特曼区分了两种比较：一种是弱比较，即我们至少把某个行动看作和其他行动是同等可欲求的；另一种是强比较，相对其他行动，这种比较完全把某行动看作更加可欲求的。

第二个问题就是，即使将来的意向需要强比较评价，戴维森的理论仍然不能保证理性的意向是聚合的。

布莱特曼的例子可这样表述：我一直想买《三国演义》和《红楼梦》，而且我知道下午我将在一间书店。我知道书店只有一种存货，但不可能两种都有。但遗憾的是，我不知道哪一种有存货。②

他要问的问题是：考虑到我的信念，买《红楼梦》的任何行动都是可欲求的吗？倘若我们合理地判断任何购买《红楼梦》的行动都完全优于其他选择，相应来说，就是可欲求的，我达到了下午购买《红楼梦》的简单意向。与此类似，我们也能合理地判断任何购买《三国演义》的行动（跟信念相一致）将是可欲求的，因此也能达成下午购买《三国演义》的简单意向。

在戴维森的叙述中，两者都是相当合理的。但要注意的是，我是不能

---

① See "Davidson's theory of intention", in *Essays on Davidson: Actions and Event*, pp. 22 – 24.
② 布莱特曼举的例子是另外两本书。但为了方便我们理解，我转化成两本中文书：《三国演义》和《红楼梦》。

同时买两本小说的。所以得出的结论是,虽然我理性地意向购买《红楼梦》且理性地意向购买《三国演义》,但却不能由此推出我的意向是聚合的。

布莱特曼认为,这两个问题的根源"很大程度上源于戴维森的构想,即将来的意向正好必须说明的那些事实的构想"①。

戴维森对此进行了答复。② 在布莱特曼提出的两个问题中,他优先回答了第二个问题,因为该问题更加重要。他认为,和意向相关的选择是当事人相信对他开放的选择,而不是实际上拥有的选择。既然人们的意向不可能跟信念不相容,这就意味着,当事人至少常常能在给定信念下,能做他没能意图去做的事情。

在上面的例子中,如果我相信我只能买到一本书,那么相关的选择就可能有:买能买到的书,买《三国演义》,买《红楼梦》,只买《三国演义》,只买《红楼梦》,不买任何一本书。在这种情形中,第一种选择是布莱特曼给予最高评价的,而且它决定了当事人的意向。回到本节开头的第二个问题,答案已经出现:对戴维森而言,信念对意向的制约是通过减少选择做出的,它不直接帮助主体进行选择。这样就说够说明,为什么在我的意向和信念相一致的情形下,依然不能得出当事人一定去行动的结果。

回头再看戴维森如何处理第一个问题——布里丹问题。他认为,既然布莱特曼已经规定了这两者是同等可欲求的,内在比较的路已经被堵死。但他认为,在没有内在标准的情况下,我们可以诉诸外在的标准。例如,通过丢硬币的形式来决定。我们所以这样做的原因在于选择的需要,这种选择促使我通过诸如丢硬币这样的方式决定;对于偏好来说,这可以称得上无足轻重,但是,它已经足以在没有其他选择的情况下区分开来。

第四节 异常因果链

在恢复行动的因果理论的主导地位的努力中,戴维森对意向概念的侧重点从"带意向行动"转到了"意图",他关于实践推理的说明也有相应的变化。但他的行动的因果理论的基本观点并无多大变化,而且始终面临异

---

① See Michael Bratman, "Davidson's theory of intention", in B. Vermazen and M. B. Hintikka (ed.), *Essays on Davidson: Actions and Event*, Oxford University Press, 1985, p. 24.

② Davidson, "Reply to Michael Bratman", in B. Vermazen and M. B. Hintikka (ed.), *Essays on Davidson: Actions and Event*, Oxford University Press, 1985, pp. 195–201.

常因果链的挑战。

异常因果链可以被描述为,"由于在人们所钟爱的心理前件和相关的作为结果的行动之间存在异常的因果关系,无论我们怎样把心理原因看作最终的行动之为意向性行动(a resultant action's being intentional)的必要而又充分的条件,我们总是可以这样描述,这个行动不是意向性的"①。

一、三种类型的异常因果链

异常因果链至少有三类:初级因果异常(primary causal deviance)、次级因果异常(secondary causal deviance)和三级因果异常(tertiary causal deviance)。

我们先来看外在(external)因素引起的次级因果异常的例子:

(1)一个人或许尝试枪杀某人。假设杀手开枪后子弹严重偏离目标,但这次开枪惊吓了一群野猪,并最终将他的预期受害者践踏致死。②

(2)在女儿生日那天,我本来是意向去某个饭店和她在一起的。我相信她的生日是明天,我在今天去饭店为她预订,而且,在那里我碰见了女儿。实际上,她的生日正是今天。——我的意向致使我做了这件事,但是,却是碰巧的,因此就不是意向的。③

在例子(1)中,杀手确实是带着杀死某人的意向向他开枪的,但这种结果的实现却是有点偶然的,因此,很难说这种行为是意向性的,当然也很难说不是意向的;例子(2)的情形亦与之相似。如果要对这类因果链给出相对满意的说明,简单的理由说明模式是不够的。我们在前面一章已经提过。

戴维森在《行动的自由》(1973)一文中说,要确保这种异常性不会产生,理由必须以"恰当的方式"(in the right way)引起行动。④ 阿姆斯特朗亦曾试图这样填补缺口,他说所需的结果必须能由因果链回答并产生出来,至少大致可用实践推理的模式来说明。但是,信念和欲望怎样引起意向性行动呢?这里的中间的途径必须是"恰当的",但它却可能是通过其他方式

---

① P. Moser, and A. Mele, "Intentional Action", reprinted in A. Mele (ed.), *The Philosophy of Action*, Oxford University Press, 1997, p. 234.

② Davidson, "Freedom to Act", reprinted in *Essays on Actions and Events* (Second Edition), Oxford University Press, 1980, p. 78.

③ Davidson, "Problems in the Explanation of Action", *POR*, p. 106.

④ Davidson, "Freedom to Act", *EAE*, p. 79.

产生的。因此，当事人的行动是否意向地仍然还是一个问题。

我们再看内在（internal）因素导致的因果异常的两个例子：

（1）登山者可能放开握住绳子的手（绳子的另一端有一个人）来减轻自己的负担和脱离危险，同时，他应该知道，通过松开握住绳子的手，他就能使自己减轻负担和脱离危险。这种信念和需要很可能使他不安而最终导致他松开了手。然而，情形可能是这样，他永远也不会选择松手，他的松手也不是意向性的。[①]

（2）参加宴会的某个人意图泼掉他玻璃杯里的东西，因为他想要向同伴发出抢劫开始的信号，由于他们事先排练过，他相信，泼掉玻璃杯里的东西就会伴随着同伴的行动；但是，这一切导致这个人非常紧张，并进一步导致他手上发抖，最终，他玻璃杯的东西泼出去了。[②]

对于这种初级异常因果链的情形，戴维森完全持一种悲观态度，他说，"如果态度要对行动加以合理化，我对这种态度一定引起行动的方式的描述感到绝望"[③]。他后来又说："几位机敏的哲学家已经尝试说明如何消掉这些异常因果链，但我仍然相信事件和意向的概念不足以说明意向性行动。"[④]

米尔（A. Mele）还设想出"三级因果异常"的情形。在这里，意向计划构成的某个起源是异常的。例如：

弗雷德（Fred）在参加一次可机读的多项选择考试。他的策略是，给问卷中自己认为肯定正确的答案旁边的识别字母打上圈，然后，在圈完所有的识别字母之后，再在答题卡相应的空格填入字母……

一小时过去了，弗雷德此时正在阅读第45题。他相信这个答案是"bee"，这个词似乎就在问卷中的"a"字母旁边。然而，由于理解上的瞬间混淆，他给字母"b"打上了圈。幸运的是，"b"是正确答案。后来，当填答题卡时，弗雷德看了问题45之下的打上圈的"b"，然后在答题卡上填上了"b"——因此，意图提供了正确答案。[⑤]

[①] Davidson, "Freedom to Act", *EAE*, p. 79.

[②] H. Frankfurt, "The Problem of Action", reprinted in A. Mele (ed.), *The philosophy of action*, Oxford University Press, 1997, p. 43.

[③] Davidson, "Freedom to Act", *EAE*, p. 79.

[④] Davidson, "Problems in the Explanation of Action", reprinted in *Problems of Rationality*, p. 107.

[⑤] A. Mele, "Intentional Action and ward Causal Chains: The Problem of Tertiary Waywardness", *Philosophical Studies* 51, 1987, p. 56.

Fred 填对了第 45 题的答案。但是，这个选择产生于意向发生史的异常，它具有偶然性，因此很难说是意向性的。尽管如此，他那个时候是意向性地做这件事，也就是说，在答题卡的空格上正确地填上了答案"b"。

我们前面已经探讨过，戴维森后来视意图等为全面的判断，从而使实践推理的说明模式有了一定的改变。而这也招致了布莱特曼、皮科克（Peacocke）等人的批评，他甚至说自己"乐于放弃'判断'一词"①。但实际上，与其说戴维森放弃了观点，倒不如说他放弃的是术语。他继续把意向看作实践推理产生的状态，作为行动理由和意向性行动的中介。在面对当事人行动的理由和意向之间的因果关系这个问题时，他给出的答案是"理由'以恰当的方式'引起意向"。② 而在面对意向和行动的关系这个问题时，他是这样回答的：

> 在某些情形中，它们没有联系，因为意向没有被实施。如果先有意向，再跟着行动，那么意向和进一步的事件（如注意到时间到了）以"恰当的方式"引起行动。如果行动开始的时候就是意向形成的时候，那么，行动的开始和意向的形成都是由理由引起的，但意向仍然是行动发展中的一个原因因素。③

可以看到，问题依然集中在对"恰当的方式"的说明。

二、解决异常因果链的一些做法

虽然戴维森对意向和行动之间的合理化关系的描述持绝望态度，但他再没有花很多笔墨去讨论这个问题，他似乎认为行动的因果理论不会因此受到致命威胁。另外，一些哲学家则觉得有必要认真地回应这些挑战。④ 在

---

① Davidson, "Reply to Christopher Peacocke", in B. Vermazen and M. B. Hintikka (ed), *Essays on Davidson: Actions and Events*, Oxford University Press, 1985, p. 211.
② Davidson, "Reply to Bruce Vermazen", in *Essays on Davidson: Actions and Events*, p. 221.
③ Ibid., p. 221.
④ 一些详细的论述参见 Robert Audi, "Acting for Reasons", reprinted in A. Mele (ed.), *The Philosophy of Action*, pp. 75 – 105; M. Brand, *Intending and Acting* (Cambridge, MA: MIT Press, 1984), chapter 1; A. Mele and Paul Moser (1994), "Intentional Action", reprinted in A. Mele (ed.), *The Philosophy of Action*, pp. 223 – 255; I. Thalberg (1984), "Do Our Intentions Cause Our Intentional Actions", *American Philosophical Quarterly* 21: 249 – 160. ——转引自徐向东《论行动者因果性理论的不连贯性》，载《心智与计算》2007 年第 1 期，第 51 页。

《行动说明中的问题》(1987)一文中,戴维森提到大卫·阿姆斯特朗和克里斯托夫·皮科克等人做了该项工作。米尔在其主编的《行动哲学》(1997)一书的导言中提到了奥迪(Audi)等人所做的几种尝试性的解决,大致可归为以下四点:①行为要成为意向性行动的必要条件就是它应该成为行动。但是,在很多异常的情形中,相关事件看来不是行动。例如,登山者的"松开了手"更像是绳子从他手中滑走。②对行动的分析可以预先排除在行动和相关的心理原因之间存在一个缺口,这样就消掉了内在异常(这里称为初级异常)的可能性。例如,每个意向性行动都有"作为直接(proximal)原因的直接意向的获得"。直接原因可以这样定义:x 是 y 的直接原因当且仅当 x 是 y 的原因且不存在 z,使得 x 是 z 的原因且 z 是 y 的原因。③意向(或在先的心理项目)应该被确定为在意向性行动形成起到导向作用。④说行动是意向的,它依靠的是,要符合当事人关于行动的行为方式的看法和表现方式——在关于射杀的通常解释中,这个原则被违背了。①

其中最有影响力的就是引入计划。奥迪断言:"由理由而行动就是这样一个行动,该行动以一种特殊的方式在理由的控制之中。这是对理由的一个反应,而不仅仅是理由的一个结果。"② 米尔基本接受了这种思想,但做了更多的限制,他给出了意向性行动的第一个条件:

> (1) 某个人 S 在 t 时意向性地做行动 A 仅当在 t 时,S 有一个行动计划 P,该计划 P 包含或至少能恰当地引导他的行动。③

我们注意到,在抢劫者的情形(异常因果链 1)中,由于缺少一个相关计划,虽然最后结果确实是心理引起,但那种行为似乎被描写为杯子从手中落下更佳;与此相似,在杀手的情形(异常因果链 2)中,这种结果并不在我的计划之中,杀手的行动并不由其计划产生,因此这个行动就不能说是意向性的。但是,仅有一个计划还是不够的,在弗雷德的情形(异常因果链 3)中,他确实拥有一个计划,但正如上面所言,意向计划构成的某个起源是异常的。为了解决这个问题,米尔更进一步地提出,意向的导引作用

---

① See A. Mele (ed.), *The Philosophy of Action*, Oxford University Press, 1997, p. 7.
② R. Audi, "Acting for Reasons", in A. Mele (ed.), *The Philosophy of Action*, Oxford University Press, 1997, p. 103.
③ See P. Moser, and A. Mele, "Intentional Action", in A. Mele (ed.), *The Philosophy of Action*, Oxford University Press, 1997, p. 229.

要求我们，不仅仅是按计划行动（acting in accord with a plan），而更加是遵循计划（following a plan）。①

可以说，米尔等人的这种思路是对以戴维森为代表的行动的因果理论的一种很有力的捍卫，异常因果链的难题由此有望得到解决。虽然一些小问题依然存在，但只要我们赋予语境一席之地，行动的因果理论所面临的困难的解决将有希望。

异常因果链提出的挑战以及因果论者给出辩护这场没有硝烟的战争远远没有结束。因果论者没能提供一个令人信服的普遍有效的实践推理模式，而只是给出了一个最低程度的说明，戴维森本人就意识到这个问题：

> 最后，我们对于带有意向的行动给出的说明是不完全的和不令人满意的：如果某个行动是被态度和信念（它们使行动合理化）以恰当的方式引起，那么，这个行动的履行就是带着某种意向。②

在这里，"以恰当的方式"与其说是给出了条件，倒不如说标明了行动解释的困难所在。正如他在《行动、理由与原因》一文中所说："但是我要极力主张的是，在尚无令人满意的抉择时，对亚里士多德那样的图式的最好论证就是，唯有它才有望说明理由与行动之间的'神秘联系'。"③

---

① See P. Moser, and A. Mele, "Intentional Action", in A. Mele (ed.), *The Philosophy of Action*, Oxford University Press, 1997, p.239.

② 戴维森认为这是《行动、理由与原因》一文中留下的问题。在那个时候，他相信，以非循环的术语描绘"以恰当的方式"是可能的。

③ Davidson, "Actions, Reasons, and Causes", *EAE*, 2001, p.11.

第四章 行动与非理性

戴维森的行动的因果理论支持的"合理化就是一类因果说明"的观点受到了非理性（irrational）情形的挑战。非理性不是无理性（non-rational），如果非理性情形能被纳进理性的框架，那么行动的合理化说明依然可以得到辩护，这是戴维森的思路。自《意志软弱如何可能？》（1970）一文发表以来，戴维森一直在考虑非理性情形何以可能的问题。他关于非理性情形的讨论文章主要来自《非理性的悖论》（1974）、《不融贯性和非理性》（1985）、《欺骗和区分》（1986）以及《谁被愚弄？》（1997）。[①] 这些文章的讨论涉及行动、信念、意向、推论以及情感等方面，但本章讨论的是和行动有着更加密切关系的意志软弱和自我欺骗两种情形。

本章第一节从戴维森对流行观点的回应开始，探讨了他对意志软弱的辩护思路：区分条件判断和非条件判断，引入"pf"联结词，引入自制原则。本章第二节从自我欺骗的基本说明开始，探讨了戴维森解决自我欺骗问题的思路，表明了心灵区分是解决非理性情形的关键。本章第三节对戴维森关于非理性的观点做了简短评论，表明了接受心灵区分是他行动哲学的一个自然结果，同时本节也试图说明，戴维森对非理性问题的解决也是他语言哲学中彻底解释立场的自然结果。

第一节 意志软弱

对意志软弱的探究可以追溯到亚里士多德。亚氏在《尼各马科伦理学》中说："德行就是愚蠢和不自制的联结，因为一个人做与不自制相反的事，并把所认为的好事当作坏事，当作不应该做的某件事，其结果所做的将是好事，而不是坏事。"[②]亚氏在这一点上显然跟柏拉图（苏格拉底）的看法相

---

① See Davidson, *POR*, pp. 167–230.
② ［希腊］亚里士多德：《尼各马科伦理学》，苗力田译，中国人民大学出版社2003年版，第139页。

左。苏格拉底完全否认存在着这种现象，根据柏拉图在《普罗泰戈拉篇》的陈述，他的基本理由乃是："一切恶行都是不自愿地犯下的。"① 根据这个前提，对苏格拉底而言，无自制力现象是不合常理的事情；因为，如果一个人真的"知道"他所做的是件坏事，这就表示有人会"自愿地"做出对自己有害、不利之事。因此，苏格拉底的结论是：不存在着无自制力现象，作恶者只是"出于无知"，② 也就是说，"不知道"那件事是件坏事，而以为是件对他有利之事。

一、戴维森对两种流行观点的回应

意志软弱一词来自希腊词"akrasia"，通常用来表示无自制力的现象。戴维森对意志软弱（无自制力）的说明没有严格按照亚氏本意，他说："在使用这个术语（无自制力）时，我和传统的观点是有区别的，至少使无自制的类比通常的要更广。"③ 和以前的哲学家相比，戴维森认为，不自制问题不仅仅是一个关于道德判断的问题，它更加是一个和行动本身相关的问题：

> 如果一个当事人违背自己的最佳判断行动，而且是意向地行动时，其意志就是软弱的；在这类情形中，我们有时也说，他缺乏意志力做他知道的，或者说，至少相信的所有情形均已考虑过的更佳的事。为方便起见，我们称此类行动为不自制的行动，或者说，在做这些事情时，当事人行动不自制。④

与希腊词"akrasia"相应的英文单词为"weakness of the will"（意志软弱）和"incontinence"（无自制力）。虽然其对应的两个英文词在译法上各有缺陷：前者似乎承诺了和意志相关的东西，而后者在英文中可能会引起人们的嬉笑⑤而不一定马上联想起严肃的哲学问题，但在本书中，我们将追随戴维森，不对这些词做出严格的区分。

意志软弱对戴维森的行动因果理论构成了一个挑战，因为根据行动的

---

① 王晓朝：《柏拉图全集》第一卷，人民出版社 2002 年版，第 470 页。
② 同上书，第 483 页。
③ Davidson, "How is Weakness of the Will Possible?", *EAE*, p. 21.
④ Ibid., p. 21.
⑤ "incontinence" 在英文中也有"失禁"的意思。

因果理论，理由是行动的原因。倘若如此，人们自然会认为那些最强的理由是行动最强的原因，但是，在意志软弱的行动中，人们的行动看起来却不受最强的理由制约，这似乎就表明，行动的因果理论的根基是不可靠的。但戴维森并不这样看，他在《意志软弱如何可能？》（1970）一文中探讨了这个问题，他试图表明，当事人最强的理由可以不必是行动的原因。承认意志软弱并不会带来悖论。

试看一个例子：A 给 B 一支香烟，B 知道吸烟有害健康，但是吸烟又能给他带来快感。虽然 B 知道最好是不抽烟，但他最后还是抽了。如果承认这类意志软弱的行动存在，就会存在一些相关的问题：它们是怎样产生的？该怎样解释这种行动？承认意志软弱的行动会影响行动的因果理论的根基吗？

人们可以采用两种方式来说明意志软弱。一种方式是利用激情和欲望来说明它。在抽烟的例子中，既然我的更佳判断和抽烟是相悖的，那就表明，我暂时被激情和欲望吞噬了，理由被放在一边了。戴维森认为，这是美狄亚原则（Medea Principle）的一种解释：

> 另一个极端是美狄亚原则。根据这种主张，一个人的行为可能违背他的最好判断，但这只是在异己的力量超越了他的或她的意志的时候。这就是美狄亚请求她的手不要杀害她的孩子时出现的情况。她的手或其背后的复仇力量战胜了她的意志。对意志软弱的这种处理很普遍。[①]

这是一种很流行的说明意志软弱的手法。接纳这种观点会导致两个后果：其一是，这似乎表明，只要当事人有更大的决心，他就可以战胜这股力量；其二是，当事人对自己的行动所负的责任其实是有限的，因为他的行为好像是外部力量推动的结果。戴维森并不赞成这种观点，既然每个行动在某个描述下都是意向性的，因此，就必须有一个理由说明这行动。戴维森坚持，很多非理性的行动并不是这样的。在我抽烟时，抽烟的激情并没有把我吞噬，相反，我抽烟的行动是有理由的，即我抽烟的欲望。

另一种试图避免指责的思路是：既然我履行了抽烟的意向性行动，那就不能认为在所有考虑到的情形中，不抽烟是我最佳的判断；我抽烟的行动表明，我并没有真正考虑到赞成那个行动的所有情形。正如柏拉图笔下

---

① Davidson, "Paradoxes of Irrationality", *POR*, p. 175.

的苏格拉底一样，人的意向性的行动不会违背他的最佳判断。戴维森把这称为柏拉图原则，该原则告诉我们，在所有考虑到的情形中，理性人总是做他认为最佳的事情。戴维森也反对柏拉图原则，他试图说明，当我不按最佳判断行事时，我的这种选择和自己的理性原则并没有真正冲突。

二、戴维森对意志软弱的辩护

戴维森在《意志软弱如何可能？》（1970）和《非理性的悖论》（1974）中均详细地探讨了意志软弱的问题。他的论证完全是先验的论证，因为他问的问题不是意志软弱是否可能，而是它如何可能。

（一）意志软弱的基本说明

在《意志软弱如何可能？》（1970）一文中，戴维森这样定义意志软弱的行动：

> D. 一个当事人无自制地做 x 当且仅当：(a) 当事人意向性地做 x；(b) 当事人相信另外有一个可选择的行动 y 向他开放；而且 (c) 当事人断定，在所有考虑到的情形中，做 y 将比做 x 更佳。[①]

汉普舍尔（Hampshire）曾把意志软弱归结为以下三个原则，戴维森看来接受了这些原则：

> P1：如果一当事人相信他可在做 x 和 y 两者中自由选择并且他更想做 x 而不想做 y，那么，如果他意向只能是要么做 x，要么做 y 时，他会意向做 x。（需要优先）
> P2：如果一当事人判断做 x 比做 y 更佳，那么，他会更想做 x 而不想做 y。（评价判断优先，由 P1 可推出）
> P3：有意志软弱的行动。[②]

我们注意到 P3 跟 P1 和 P2 的合取似乎存在矛盾。如果用 P* 表示 P1 和 P2 的合取。

[①] Davidson, "How is Weakness of the Will Possible?", *EAE*, p. 22.
[②] Ibid., p. 22.

P*：如果一当事人判断做 x 比做 y 更佳，且他可在做 x 和 y 两者中自由选择，那么，如果他要么意向性地做 x，要么意向性地做 y 时，他会意向性地做 x。

（二）解决意志软弱问题的思路

1. 区分条件判断和无条件判断

怎样解决这个表面上的难题呢？戴维森是通过区分条件判断和无条件判断进行的。条件判断是考虑到所有情况的表面上（prima facie）的陈述；而无条件判断则是最后的、全面的判断，是实践推理的结果。这两者可以不一致。意志软弱的人虽然判断 x 优于 y，但是，他却是做了 y 而没有做 x，这个判断是一个考虑周全的、x 优于 y 的条件判断。只有判定 x 优于 y 的无条件判断才要求首先反映出需要选择，其次反映出意向的选择。意志软弱的人并不是无条件地判断 x 优于 y，或许可以这样理解，意志软弱者把条件判断，即在考虑周全的情况下，x 优于 y，和意向优先的无条件判断，即 y 优于 x，结合起来了。

在汉普舍尔提到的三条原则中，因为和无自制力（意志软弱）的当事人行动相反的判断是考虑到各种可能的判断（即条件判断），所以并没有蕴含 P* 为假。和 P* 有关的判断是无条件判断，而不是条件判断。考虑周全的判断（all-things-considered judgements）是作为条件判断出现的，因为提及认为做 y 是最佳的，或是做 y 比做 x 更佳都是判断内容的一部分。

2. 引入联结词"pf"（prima facie）

戴维森所做的条件和无条件的区分给他进一步的技术论证提供了前提。通过引入联结词"pf"（prima facie），他一方面给无自制行动提供了逻辑辩护，另一方面又保持了 P1 和 P2 这两条原则。

在给无自制行动辩护的时候，戴维森借鉴的是概率陈述中的方法。在概率陈述中，我们常用"如果气压计下降，那么天几乎肯定会下雨"这样的句子来表示可能性，但是即使前件（气压计下降）满足了，我们也不能就得出结论："天几乎肯定会下雨"，这是因为，我们还可能从陈述推出相反的结论，例如，我们也可用"如果今天天空是红色的，天几乎肯定不会下雨"来表示另一种可能。类似地，它的前件如果满足的话，其结论就是"天几乎肯定不会下雨"。上面的两个结论的合取就是：天几乎肯定会下雨且天几乎肯定不会下雨。这当然是一个令人不快的结论。其中的一个解决方式就是，引入 pr 作为联结词，表示可能性。于是，相关类型的可能性判断"如果气压计下降,天几乎肯定会下雨",可符号化为 pr(m_1, p)这样的形式,其中"m_1"表示一个显然相关的考虑事项(consideration),"p"表示事态(m_1 要求和这个事态相关)。其主张就是,从一个以(m_1, p)和 m_1 作为前提的推论所做的不受约束的分离 p 是不能保证的,因为可能有另外一个考虑事项,它使¬p 成为可能(例如,pr(m_2, ¬p))。这两个考虑的合取,它们分别增加和减少将来事件发生是不构成矛盾的。与此相似,戴维森说,把这些"考虑事项"加起来,其中一个考虑事项赞成做某一个行动,另外一个反对,其中并不存在矛盾。

与此类似,戴维森引入了另一个联结词"pf"(prima facie)。他希望通过这样的转换,能消掉逻辑困难。即把条件判断改写成一种关系判断。如 pf(m_1, a 优于 b),其中 a 和 b 分别指可能的行动。条件判断的一种特殊情形就是,在考虑周全的情形中,a 优于 b,和概率逻辑一样,它们是受全部证据制约的。它们可以这样表示:pf(e, a 优于 b)。其中 e 表示全部可获得证据。这样处理,pf 关系判断和无条件判断就不存在逻辑冲突了,"pf"这个联结词表明,那些条件判断都是表面上的判断。戴维森对意志软弱问题的解决可以这样理解:他把条件判断 pf(e, a 优于 b)和无条件判断,即 b 优于 a 结合起来。后者的判断是意志软弱的人行动的,并且既然这种评价判断跟需要在先和意向去行动被看作一致的,并且被看作无条件的价值判断,意志软弱的现象跟 P1 和 P2 便是相容的。

格莱斯(Grice)和贝克(Baker)在《戴维森论"意志软弱"》一文中对戴维森的"pf"句子联结词提出了质疑。如果戴维森把条件判断看作"考虑到各种可能性,a 优于 b,或和相关的证据比较起来,a 优于 b"考虑到各种可能性的判断,他的观点需修正,因为在这些判断的表达式中,相关的考虑不是由句子描绘的,而是由一个名词短语表示的。根据他们的理论,"pf"和"pr"不应该被看作联结词,而应被看作关系表达式,这些表达式表明句子、陈述、命题或判断实体的关系。①

按照他们的观点,戴维森的"考虑到各种可能性"的判断或许可以理解成:

"表面上,给定 p_1、p_2……p_n,a 优于 b",其中合取图式"p_1、p_2……以及 p_n"描绘了实际上获得的证据。

---

① See Paul Grice and Judith Baker, "Davidson on 'Weakness of the Will'", in Essays on Davidson: Actions and Events, 1985, p. 32.

如果戴维森对"考虑到各种可能性"的判断的理解是这样的话,其形式"表面上,给定 p_1、p_2……以及 p_n,a 优于 b",p_1、p_2……以及 p_n 实际上是当事人相信为真和相关的全部命题。虽然"pf"在此处仍可理解成句子联结词,但是,当和可获得的全部证据比较时,它却未能把不自制的人描绘为他认为自己的判断看作赞成 a。因此他们建议,最好还是放弃把"pf"看作句子联结词的想法。因为当事人在此处考虑到的可能只是一部分证据,他不一定因此就得到 a 优于 b 的判断,而从直觉上来看,这是我们想要归属给他的。①

在戴维森看来,把他的"pf"判断解释成"给定如此如此情形……"是不准确的,因为他的意思是"如果情形是如此如此……"。他自己要表达的只是假设,而不是像格莱斯他们认为的那样,提及了事实。他再举了一个例子:

(M) pf (x 比 y 更佳,x 是我之购买一辆保时捷,而且 y 是我之购买一辆凯迪拉克)
(m) a 是一次对保时捷的购买,而且 b 是对一次对凯迪拉克的购买
(C) pf (a 优于 b),(M) 与 (m)

他认为这是一个正确的推论,如果把前提当作"理由",结论或许可读为"给定前提是真的……"。但这种解读是错的,如果 (M) 和 (m) 为真,它们是断定 a 优于 b 的理由,而这和 (M) 和 (m) 本身是否为真并无多大关系。在这种基础上,他认为,格莱斯把他的"pf"判断解读是不恰当的。②

另一位哲学家布莱特曼则认为,戴维森并没有真正说明意志软弱。试看下面这个例子:山姆(Sam)心情沮丧,终日沉迷于酒乡之中,即使他承认自己需要早点清醒,以全新的姿态出现在明天,情况也是如此。让我们来看看他朋友和他的一段对话:

朋友:瞧!你戒酒的理由看来比你喝酒的理由强。因此,你怎么能认为喝酒是最好的选择呢?

---

① See Paul Grice and Judith Baker, "Davidson on Weakness of the Will", Essays on Davidson: Actions and Events, 1985, pp. 32 – 34.
② See Davidson, "Reply to Paul Grice and Judith Baker", Essays on Davidson: Actions and Events, 1985, pp. 32 – 34, pp. 202 – 204.

> 山姆：我并没有这样想。如果你考虑到我戒酒的理由的强烈程度，还会认为我会蠢到那样想吗？我想的只是，戒酒是最好的选择。但是，我还是在喝酒。①

这种情形显然是可能的，因此，批评者完全有理由说，如果戴维森的说明没给人直截了当断定 A 更佳而做 B 的情形留下空间，那么，他关于意志软弱的说明就不是满意的。

对于戴维森来说，在山姆醉酒的情形中，山姆虽然自称"戒酒是最好的选择"，但考虑到他说话时的醉酒情形，他的话可信度应该不高，也就是，他的态度自我归属完全可能是错的；而且，他至多能够认为戒酒是考虑周全的情形中的最佳选择，而不能认为戒酒是最好的选择。虽然这两种表述看起来很相似，但它们是有差异的，考虑周全的判断是一个条件判断，它和无条件判断是不相同的。② 这样看来，山姆醉酒的例子不会对意志软弱的说明构成多大威胁。

（三）引入自制原则

戴维森在《非理性的悖论》（1974）一文中引入了一个新的要素：自制原则（principle of continence）。自制原则是柏拉图原则的极端，即理性人应该做他所认为最佳选择的事情。他在该文中举了一个改进过的弗洛伊德的例子：

> 一个人走在公园被路上的一个树枝绊倒了。想到这个树枝可能会危及其他人，他就把它捡起来，扔到路边的树丛中。在回家的路上，他突然想到，这个树枝可能会从树丛中弹出来，还会危及粗心的行人。他就下了电车，回到公园，把树枝放回原来的位置。③

在这里，当事人所做的每件事情都是有理由的（除了他被这个树枝绊倒），根据这些理由所做的每件事也都是合理的。但是就其行动所言，我们很容易想象，当这个人返回公园并把树枝又放回原处时，他会意识到他的行为是没有道理的。他有移动树枝的动机，就是说它会对路人带来危险。

---

① Michael Bratman, "Practical Reasoning and Weakness of Will", Nous 13 (2), 1979, p. 156.
② See Davidson, "Intending", EAE, pp. 83–102. 关于条件判断和无条件判断的说明亦可参看第三章第二节"实践推理中的意向概念"。
③ Davidson, "Paradoxes of Irrationality", POR, p. 172.

但他也有不返回公园的动机,那就是要付出时间和精力。根据他的判断,后者的考虑应当重于前者;但他却按照前者行事。总之,他的行为恰恰与其最佳判断相悖。该如何解释这种处心积虑地与当事人原则相反的行动呢?在这个例子中,非理性的不是当事人没有理由做某事,而是当这个人返回公园放回树枝时,他忽略了自己的原则,即根据自己考虑周全的原则行事:

> 但假定某人的行为是处心积虑地与他的原则相反,我们如何能解释这个呢?显然,这个解释一定包含了某种超出柏拉图原则的特征,否则这个行为就是理性的了。另一方面,这个解释一定保留了柏拉图原则的核心内容,否则这个行为就不是意向性的了。①

在上面的例子中,这个年轻人返回公园的欲望作为一个原因,压制住了自制原则,但没有成为反对这个原则的理由。戴维森说:

> 虽然他忽略原则的动机就是他忽略原则的理由,但这并不是反对这个原则本身的理由,所以当它以第二种形式出现时,作为理由就与这个原则和行为无关了。②

这种思路显然和《意志软弱如何可能》(1970)有所不同,因为戴维森在该文的分析已向我们表明,意志软弱的行动者不会做出不相容的判断;但是在《非理性的悖论》(1974)一文中,意志软弱者遭遇到了内在的不相容。正是在此处,戴维森引入了弗洛伊德式的解决思路,在引起意志软弱的行动中,作为赢家的欲望构成了忽略自制原则的一个"动机",但需注意的是,这个欲望本身不是忽略原则的理由。在我们所举的抽烟的例子中,我渴望抽烟的欲望,在某种意义上,是忽略自制原则的一个理由,既然我忽略了这个理由,我将满足这个欲望。但是,这个欲望并没有把理性忽略。因此,非理性的不是我没有行动的好理由,而是我确实有一个好的理由,即我要抽烟,非理性的是我的自制原则被忽略。

拉扎尔(Ariela Lazar)认为,戴维森对自制原则作用的描述有误:

> 自制原则不是一个真正指导行动的原则,……行动时不关注最佳判断的行动者不是一个行动者:她和我们行动的意义不同。这样一个

---

① Davidson, "Paradoxes of Irrationality", *POR*, pp. 177–178.
② Ibid., p. 178.

行动者没和我们共享按理由行动的概念。按理由行动蕴含了实践推理的见解，特别的是，蕴含了在相互冲突的目标中评价和选择的见解。①

对于拉扎尔的指责，戴维森这样回应：

> 拉扎尔所说的和自制原则相关的内容非常重要。这不仅仅是要接受或拒绝的又一个前提。它是有实践推理能力，拥有命题态度的生物的概念的组成，正如她恰当地提出那样："行动时不关注最佳判断的行动者不是一个行动者。"如果这样想的话，我赞成，这就是把该原则看成推论的原则而不是一个前提。然而，没有理由认为，行动者不能阐述推论的规则、不能有意识地在推理中使用它，正如她偶尔未能使用它一样。②

第二节 自我欺骗

自我欺骗也是非理性的一种表现，它是戴维森重点探讨的另一个非理性的问题。戴维森在《欺骗与区分》一文中讨论了自我欺骗的问题。和意志软弱不一样，他并没有给自我欺骗下一个定义。

一、自我欺骗的基本含义

乔恩·埃尔斯托（Jon Elster）认为，戴维森的自我欺骗的含义大致由以下四点组成③：

(1) 当事人（agent）相信 p, p 受到他全部可获得的证据支持。
(2) 同时，当事人也相信 q, q 跟 p 是不相容的。

---

① Ariela Lazar, "Akrasia and The Principle of Continece", Hahn, Lewis Edwin (ed.), *The Philosophy of Donald Davidson*, Library of Living Philosophers XXVII, Chicago: Open Court Publishing Company, 1999, p. 390.

② Davidson, "Reply to Arila Lazar", Hahn, Lewis Edwin (ed.), *The Philosophy of Donald Davidson*, Library of Living Philosophers XXVII, Chicago: Open Court Publishing Company, 1999, p. 404.

③ Jon Elster, "Davidson on weakness and self-Deception", in L. E. Hahn (ed.), *The Philosophy of Donald Davidson*, Chicago: Open Court Publishing Company, 1999, pp. 435-436.

(3) 当事人相信 p 的信念进入了他相信 q 的原因。

(4) 当事人相信 q 也是由相信 q 的动机所引起，或更精确地说，是由他所造成他相信 q 情形的动机所引起的。

戴维森强调他要理解的是自我欺骗的状态而不是过程。① 同时，它涉及的是共时的不一致性。虽然（3）和（4）看起来是一个自我欺骗状态带来的过程，戴维森却认为，这些原因可以在现在持续起作用，以支持另外两个不可靠的不相容信念的合取。② 一种观点曾提议，自我欺骗一定"忘记"或向自己隐瞒了他如何最终相信他的作为。③ 戴维森反对这种观点，他认为，至少在某些情形中，"如果这是恰当的，那么自欺者就无法忘记上述这一切都促成他的自我欺骗行为的因素：即多数证据是不支持自己造成的信念的。"④ 因为他要是确实失去了保持证据的动机的话，这就很难接受。可以肯定的是，如果他忘记的话，忽略证据也就忽略了动机，但是，他也因此失去了忽略的需要。

自我欺骗和意志软弱是非常相似的东西。它们都表明主体在某种程度上出现了非理性。但是，意志软弱的结果是意向或意向性行为，而自我欺骗的结果则是信念。前者是由不完美地达到的评价态度构成的，或主要涉及这种评价态度，而后者是由不完美地达到的认知态度构成的。⑤ 在意志软弱的情形中，揭示了意志软弱的行动是违反了这样一个规范原则，即人们不应当在有充分的理由相信另一种可行的行为过程会是更好的情况下还去有意地做出某种行为。⑥

戴维森对自我欺骗的说明则依赖于"根据软弱"（weakness of the warrant）这个概念。一方面，自我欺骗包含了根据软弱；另一方面，自我欺骗超出了根据软弱。下面我们先从"根据软弱"这个概念入手，然后再进一步讨论为什么自我欺骗包含"根据软弱"，却又超出了"根据软弱"：

> 根据软弱只是出现在某人具有既赞同又反对一个假设之证据的情况中；他判断，一旦所有的相关证据都对他有用，这个假设就更为可靠；但他并没有接受这个假设（或他强调这个假设的信念不如他否定

---

① Davidson, "Deception and Division", *POR*, p. 210.
② Ibid., p. 210.
③ Ibid., pp. 209–210.
④ Ibid., p. 210.
⑤ Ibid., p. 201.
⑥ Ibid., p. 201.

这个假设的信念)。反对这种人信念的规范原则就是亨普尔和卡尔纳普所谓的"归纳推理全部证据的要求":当我们在确定一系列互为排斥的假设时,这种要求就会使我们相信由一切可行的相关证据所高度证明的假设。①

自我欺骗包含了根据软弱,它是自己造成的根据软弱。这是显而易见的,因为关于某人自我欺骗的命题就是他不接受他被证明是错了的事实;他有更好的理由接受对这个命题的否定。下面的一个例子可以说明这一点:

> 卡罗斯有理由相信他没有通过驾驶考试。他已经有两次没有通过这个考试了,他的教练对他说了些丧气的话。另一方面,他私下认识考官,他相信自己的魅力。他意识到所有的证据都表明他失败了。就像我们大多数人一样,他通常也根据全部证据的要求去推理。但想到再次没有通过考试对卡罗斯来说是很痛苦的(实际上想到没有做好事情对卡罗斯来说就是特别难堪的)。所以他自然完全有动机去相信他不会再次失败了,就是说,他有动机使得出现这样的情况,即他相信他将会(可能)通过考试。②

如果根据软弱使卡罗斯成功地使他自己相信会通过考试,这样,尽管有证据表明他的信念可以得到部分支持,但是,他知道自己有更好的理由会不及格,这样就产生了一种非理性的状态。但非理性从哪里进入呢?

自我欺骗一定是自己引起的根据软弱。这是因为,自欺者一定是有自己的理由支持他根据软弱。在卡罗斯考试的情形中,其理由就是,如果不能通过考试对他来说是很痛苦的。戴维森有一段话讨论了这个问题:

> 当事人 A 在下述条件的命题 p 上是自我欺骗的。A 有证据表明他相信 p 比它的否定更易于为真;认为 p 或他应当理性地相信 p 这个想法,促使 A 的行动造成了使他自己相信 P 的否定。这个行动可能只是一种不同于支持 p 之证据的意图倾向;或这可能涉及主动寻求反对 p 的证据。自我欺骗对行动的所有要求就是动机产生了相信 p 是真的这个信念(或者承认证据使得它更像是真的),以及产生了相信 p 的否定这个信念的意向之行为。最后,这特别使得自我欺骗变成了一个问题,即

---

① Davidson, "Deception and Division", *POR*, p. 201.
② Ibid., p. 209.

产生了自我欺骗的状态以及产生了共同存在的状态；在最为极端的情况中，相信 p 不仅造成了相信对 p 的否定，而且证实了这个信念。因此，自我欺骗就是自己造成的根据软弱，而造成这个信念的动机就是一个矛盾的信念（或所相信的内容足以证明对这个矛盾信念的肯定）。在某些但不是所有的情况中，动机来自当事人希望这个命题即他所造成的信念是真的，或担心它不是真的。所以，自我欺骗有时也包含了一厢情愿。①

二、解决非理性问题的关键：心灵区分

需说明的是，戴维森对自我欺骗问题的解决方式也同样适用于意志软弱等非理性问题，因此我们这部分的讨论将不仅仅局限于自我欺骗。

在导致到自我欺骗的过程中，如果说存在这样一种心理原因，它引起了自我欺骗，而它又不是造成这种心态的理由。这是怎么可能的呢？要解决这个问题，它依赖于对一个当事人何以可能使持有前后矛盾的信念是相容的这个问题的解决。尽管戴维森也承认，相信每个前后矛盾的命题是可能同时产生的，但当这种前后矛盾很显然的时候，再相信它们就不可能了。在卡罗斯考试的例子中，他的确相信了前后矛盾的命题。一个人怎会把前后矛盾的信念放在一起？

正是在这一点上，戴维森认为："在这种程度上，我们必须接受这样一个看法，即在心灵的各部分之间可以存在界限；我假设这个界限是在（明显）冲突的信念之间。这种界限不是由内省发现的；它们对一致描述真正的非理性提供了概念上的帮助。"② 在非理性的解释这个问题上，戴维森接受了弗洛伊德的观点：

> 首先，心灵包括了大量半独立的结构，这些结构是由诸如思想、欲望和记忆等心理属性刻画的。
>
> 其次，心灵的各部分在重要方面与人相似，不仅在于具有信念、愿望和其他心理特征（或由它们所构成），而且在于这些因素可以在意向行为中结合起来，以引起心理内外的其他事件。
>
> 最后，某些刻画了心灵亚结构（substucture）的倾向、态度和事

---

① Davidson, "Deception and Division", *POR*, p. 208.
② Ibid., p. 211.

件，一定是根据物理倾向和力量的模式加以对待的，它们影响到心灵中其他亚结构或受到它们的影响。①

上述三个弗洛伊德的主张也就是戴维森处理非理性问题的根据。第一个特征认为，心灵包括两个或多个半独立的结构。承认这种心灵区分，对于戴维森来说，才能说明那些并非解释它们所造成的心理状态之理由的心理原因是必要的。只有通过区分心灵，才可能解释一个思想或冲动如何能够造成与其没有任何理性关系的其他思想或冲动。但需注意的是，心灵区分只是概念上的要求。

（一）弗洛伊德的心灵区分的思想

从上面可以看出，戴维森对非理性的讨论有很强的弗洛伊德理论的背景。弗洛伊德在 1923 年出版了《自我与本我》，在原有的"意识·前意识·潜意识"的基础上建立了"本我·自我·超我"的人格系统，提出了"人格三部结构"说。他认为，人格是由"本我（Id）""自我（Ego）"和"超我（Supergo）"三部分组成。这三者相互交织在一起，构成了人格的整体。它们各自代表了人格的某一方面：本我是生物的本能我，充满着本能和欲望的强烈冲动，受快乐原则支配；自我是心理社会我，代表理智和常识，受现实原则支配；超我是道德理想我，它以良心、自我理想等至善原则来规范自我。它们各自追求不同的目标：本我追求快乐，自我追求现实，超我追求完美。当三者处于协调状态时，人格则呈现出健康的状态；当三者相互倾轧、关系发生错乱时，就会产生心理或精神疾病。通过引入"本我·自我·超我"的概念，我们就能较好地理解意识和无意识之间的界线。其中，"本我"是遗传下来的动物本能，是一种原始动力机制，它充满了非理性，是潜意识的构成部分；"自我"则是每个人都包含的心理内涵，是理性的，是意识的构成部分。"自我"能够主动参与到调节中去，它的大部分精力消耗在对本我的非理性冲动的控制和压抑上；超我则指人格中最文明最道德的部分。②

从上面的说明中，弗洛伊德的自我人格就好像是由不同的心灵构成，这些心灵至少是半独立的。

---

① Davidson, "Paradoxes of Irrationality", *POR*, pp. 170–171.
② 详情可参见弗洛伊德《自我与本我》，杨韶刚译。见车文博主编《弗洛伊德文集》第四卷，长春出版社1998年版。本段说明同时参考了编者按语以及英文版编者导言。

(二) 戴维森的心灵区分的思想

在讨论意志软弱问题的过程中，戴维森看到了一个问题。因为对非理性的描述要求我们能够把事件描述为心理的，但这似乎和他提出的宽容原则是矛盾的。他说：

> 如果我们以中立的态度考虑原因，而不考虑诸如信念或其他态度之类的心理状态——如果我们只是把它看作作用于心灵的一种力量，而不是把它看作心灵的一部分，那么我们就没有解释非理性，甚至都没有描述非理性。盲目的力量属于无理性的范畴，而不属于非理性的范畴。所以，我们引入了一种对原因的心理描述，这使得原因也成为一种可能的理由。但我们仍然没有得到应用于心理事件的清楚的说明模式，因为这个模式要求原因不仅仅作为一个可能的理由，它一定是一个理由，而在目前的情况中，它却无法成为一个理由。①

在这一段话中，戴维森向我们表明：如果存在因果关系的事件或状态按照神经生理学一类的学科描述的话，它们不包含命题态度、命题内容的话，那么，这里所出现的事件或状态就既不是理性的，也不是非理性的，因为只有在心理摹状词描述下，它们才可能是理性的或非理性的。而如果我们要从这方面揭示非理性的情形，我们就必须提供所涉及事件的心理摹状词。然而，一旦我们给出了心理摹状词，宽容原则就要起作用了。它要求心理摹状词以理性、融贯、一致的方式联系起来。

但是，在非理性的情形中，人们看来却是以不融贯的方式谈论，接受非理性会导致对宽容原则的拒斥吗？为了解决这个问题，戴维森接纳了心灵区分的观点，他说："为了构造这种所需的结构，一部分心灵就一定表明了比赋予整体更大程度的一致性或理性。"② 通过这种区分，他就能把人们前后不融贯的信念和意向被包含在一个心灵之中。在意志软弱的行动中，人们不用认为意志软弱的行动是出于遗忘，而只要承认，自制原则在这个时候只是被暂时忽略，躲藏起来了，但却没有成为反对的一个理由。

需注意的是，他所赞成的心灵区分只是概念的、逻辑的，这与弗洛伊德的观点是有着显著区别的。他这样描述自己的心灵区分的观点：

---

① Davidson, "Paradoxes of Irrationality", *POR*, p. 180.
② Davidson, "Deception and Division", *POR*, p. 181.

正如在其他地方一样，我对心灵隔离的高度抽象描述是与弗洛伊德背道而驰的。特别是，我并没有谈到心灵区分的数量或性质、它们的持久性或原因的说明。我只是想要捍卫心灵区分这个观点，提出如果我们要解释非理性的一般形式这就是必要的。我也许还会强调，像"心灵隔离""心灵的部分""片段"等短语是易误解的，因为它们假定了属于心灵某一部分的东西就无法属于其他部分。我想给出的图像是界限交叉重叠的。①

戴维森试图向我们表明，非理性的行为和信念虽然不是彻底一致的，但它们却是可以共同相处的，因此从这种意义上说，他关于非理性的观点和宽容原则就不会产生矛盾了。

第三节 简短的评论

接受心灵区分是戴维森行动哲学自然导致的结果。在早期，特别是在《行动、理由与原因》（1963）一文发表期间，戴维森的行动的因果理论的说明模式采纳的只是实践三段论的模式，而这显然只体现了纯理性的一方面。虽然我们不能因此就说他完全接受了柏拉图原则，但至少可以说他考虑的只是适用柏拉图原则的情形。

但在后来，意志软弱、自我欺骗的问题向他的行动的因果理论提出挑战，这就迫使他认真地考虑非理性问题。如果非理性的情形能被纳入理性的框架，他就无须改变行动的因果理论的根本观点。这种转变首先体现在《意志软弱如何可能？》（1970）一文中，该文表明，当事人的最强理由可以不必是行动的原因。戴维森在一篇答辩性的文章中说，由于他相信以下两点：①人们经常持有逻辑不一致的观点；②无人能拥有明显相反的信念。②因此他致力于调和这两种观点。尽管他在《意志软弱如何可能？》（1970）一文中已经试图说明，意志软弱的行动和当事人的最佳判断不存在逻辑矛盾。但是，他还想再进一步知道在非理性的情形中，自制原则是如何起作用的。为了解决这个问题，他借鉴了弗洛伊德的说法，接受了心灵区分的

---

① Davidson, "Deception and Division", *POR*, p. 181.
② See Davidson, "Reply to Jon Elster", in L. E. Hahn (ed.), *The Philosophy of Donald Davidson*, Chicago: Open Court Publishing Company, 1999, pp. 444–445.

观点。在心灵区分的基础上,他对非理性的探究从意志软弱扩展到了自我欺骗。

他最后的结论是:最终状态的非理性在于它和心灵的其他部分隔离开来,尽管这种隔离使当事人的全部证据暂时处入休眠状态,却无法成为忽略这个要求的理由。在我们举的卡罗斯自我欺骗的例子中,虽然当事人最初的全部证据被清除出去,但是这些被放逐出去的思想并没有失去力量,因为它没有跨越边界的管辖权。因此,如果主体不是在相当大的程度上是理性的,那么,谈论他的非理性就不是有意义的。正如江怡指出:"戴维森的目的是要表明一切行动都是有理性的,或者说,都是可以加以合理化的;即使通常认为非理性的行动,也应当看作'理性范围中的失败',而不是'无理性的'或'反理性的'。"[①]

需注意的是,戴维森强调,他无意对心理学做出深入探究,更无意更正弗洛伊德的分析。[②] 正如我们前面看到的那样,对非理性行动的关注必定促使我们关注命题态度、命题内容,而对命题态度、命题内容的关注则是戴维森语言哲学中彻底解释立场自然的结果。

---

① 江怡:《现代英美分析哲学》,江苏人民出版社 2005 年版,第 839 页。
② See Davidson, "Reply to Jon Elster", in L. E. Hahn (ed.), *The Philosophy of Donald Davidson*, Chicago: Open Court Publishing Company, 1999, p. 444.

第五章 戴维森的方法论原则

本章将讨论戴维森行动哲学的方法论原则。由于戴维森的行动的因果理论在进行行动合理化说明时要求对当事人进行命题态度归属,这就把我们带到了他语言哲学中的彻底解释的立场,而彻底解释的立场后面隐藏的方法论原则包含了以下几种:合理性原则、宽容原则以及整体论原则。

本章第一节探讨了合理性原则的要求,分析了合理性原则在行动说明中的作用,表明合理性原则很大程度上给戴维森的行动说明提供了支持。本章第二节从宽容原则的历史背景开始,分析了戴维森宽容原则的内容,表明了宽容原则是戴维森彻底解释立场的必然要求,因此也就是他的行动说明的要求,虽然它并不完美,但目前的诘难并没对该原则构成威胁。本章第三节从蒯因的整体论开始,探讨了戴维森的心理整体论和意义整体论,表明了整体论原则在戴维森行动哲学中的地位。本节同时表明,虽然整体论原则给戴维森的行动哲学提供了理论支持,但该原则只有和其他原则结合在一起才能达到较好的效果。本章第四节对戴维森的行动哲学的实用主义倾向做了探讨,表明戴维森的方法论原则和实用主义的根本立场是一致的。

第一节 合理性原则

德维特这样表述戴维森的合理性原则:如果一个人拥有信念并且表达话语的意义,他就是理性的或近似理性的。[①] 更恰当地来说,"拥有信念"应被"拥有命题态度"所替代,因为在戴维森看来,意向、欲望等命题态

---

① See Michael Devitt, *Realism and Truth* (Second Edition), Princeton University Press, 1997, p. 172. 本节所说的"合理性"和"理性"这两个词意义等同,它们皆来英文单词"rationality",本书将根据不同的语境用不同的译名,而"理性的"(rational)这一词则是"合理性"或"理性"的形容词形式。

度也是衡量一生物是否理性的重要标准。① 作为戴维森行动哲学的一个方法论原则，他的全部行动说明，以至于宽容原则和整体论原则都是以合理性原则为基础的。

一、什么使一个动物成为理性的动物

戴维森的行动说明告诉我们：只有在确定基本理由的情况下，理由才能使行动合理化。基本理由的确定何以可能呢？戴维森说：

> 从基本理由的角度看，行动总是以当事人的某种或长或短的，或独有或非独有的特征一致的形式显现出来，而那个当事人则以理性的动物的角色出现。与这种关于行动的基本理由的信念和态度相一致，我们能无一例外地（以一定的创造性）建立三段论的前提，根据这些前提，可以推论说行动具有某种（正如安斯康所说的那样）"可欲求性的特征"。②

显然，在戴维森的行动说明中，一个满意的行动说明模式需要求，"当事人以理性的动物的角色出现"。于是，进一步的问题就是："什么使一个动物（如果大家愿意的话，还可能是其他事物）成为理性的动物？"③ 戴维森的答案是，只有在拥有命题态度和语言的情况下，一个动物才能被称之为理性的动物。④ 下面依次探究这两个必要条件。

（一）命题态度

在《理性的动物》（1982）的导言中，戴维森这样界定理性："说到理性时，我指的是包含命题思想的任何东西。"⑤在《理性的动物》（1982）正文中，他又说："成为理性动物只是有命题态度，而无须顾及这些态度有多混淆、矛盾、荒谬、无理或是错误的。"⑥ 戴维森是通过探究无生命物体、植物、无言语动物和人的情形阐明这一点的。

首先，戴维森探讨了无生命物体的情形，他说："某人可能很容易说，

---

① See Davidson, "Rational Animals", *SIO*, p. 95.
② Davidson, "Actions, Reasons, and Causes", *EAE*, p. 9.
③ Davidson, "Rational Animals", *SIO*, p. 96.
④ See Davidson, "Rational Animals", *SIO*, pp. 95–106.
⑤ Davidson, "Introduction", *SIO*, p. xiv.
⑥ Ibid., p. 95.

除了认为热导弹想要摧毁飞机,而且热导弹还相信它的运动方式和人们观察到的一样,没有其他的更佳的解释热导弹运动的方式了。"① 他随后批评了这种归因于导弹潜能的观点:我了解导弹它按照设计那样移动是因为,它是由拥有欲望和信念的人们设计和制造的。虽然这种说明仍然是目的论的,但它有着更优的说明。

其次,戴维森探讨了植物的情形,虽然植物能对环境做出不同的反应,但他并不认为我们因此就能把信念归属于向日葵,他说:"我们当然能够说,如果向日葵朝着似太阳的人造灯转动的话,它犯了一个错误,但是,我们并没有认为,向日葵能够认为它犯了一个错误。"②

最后,戴维森探讨了无言语的动物和人的情形,他承认,无言语的动物和导弹并不相同,在行为方面,它们更像人类而不像导弹。但他也不承认这些动物能够拥有命题态度。戴维森引用了马尔康姆的一段话:

> 假定我们的狗在追赶邻家的猫。后者全力扑向橡树,但是在最后关头突然转向,消失在附近一棵枫树中。狗没有发现这个花招,它来到了橡树下面,蹬起后脚,爪子抓住树干仿佛要攀登上去,它还激动地对着上面的树枝狂吠。从窗外观察到整个事件的我们会说,"他想,猫上了那棵橡树"。③

马尔康姆认为,在这种情形下,把信念归属于狗身上几乎肯定是正确的。戴维森质疑了这种观点:"假定的狗关于猫上树的信念是怎样的呢?正如发生的情况一样,这棵橡树是所能看到的树中最古老的一棵对。狗认为猫上了眼前最古老的树吗?或是说,猫所上的树跟上一次所上的树是同一棵树吗?"由于信念的整体特征,戴维森并不认为一只狗能够拥有信念及命题态度。

维斯(Donald Weiss)在一篇评论马尔康姆(Norman Malcolm)的文章中曾这样说:"对无言语的动物的意识做出有判断力的归属是可能的。"④ 维斯设想了一条来自其他星球的超级神犬(superdog)亚瑟,亚瑟没有语言,但有反思智能,于是我们可以顺理成章地推出亚瑟有信念。

戴维森承认,如果亚瑟感到惊讶,他确实就拥有反思,因此就有信念。

---

① Davidson, "Introduction", *SIO*, p. 101.
② Davidson, 'Three Varieties of Knowledge', *SIO*, p. 209.
③ Norman Malcolm, "Thoughtless Brutes", 13. From Davidson, "Rational Animals", *SIO*, p. 97.
④ From Davidson, "Rational Animals", *SIO*, p. 103.

但他说:"这并不是要断言,所有的思想都是自觉的,或者无论我们何时在思想 p 时,我们一定意识到 p,或者相信我们相信 p,或者认为我们认为 p。"① 戴维森接着说,他断定的只是,"如果要真的拥有任何命题态度,就必须有信念的概念"。戴维森举了一个惊讶的现象,因为他认为惊讶需要信念的概念。他说:"假定我相信自己的口袋里有一枚硬币。我倒空口袋却一无所获。我感到惊讶。很显然,如果我一开始就没有信念,那么我不可能感到惊讶(虽然我可能感到震惊)。"② 最后,他的结论是:"一般而言,关于某些事物的惊讶是思想的充分必要条件。"③

(二) 语言

在戴维森看来,对于理性的动物来说,提及命题态度才是第一步,由于思想对语言的依赖关系,我们还须进一步考虑语言。④

让我们先来看无言语的生物中,向日葵会跟着太阳转,猫会上树,狗还会追赶猫,更高级的动物如猩猩据说还会制造工具。这些情形都说明:一个生物可能在不具有任何命题情况下以复杂的方式和世界互动。但是,按戴维森的标准,这些互动并没有表明,生物掌握了在所相信的情形以及所是的情形之间的对比。什么能说明我们掌握了这种对比?戴维森的答案是:

> 显然,语言交流足以说明这一点。要理解其他人的言语,我必须能够想她所想;我必须和她共享一个世界。我无须在所有方面与她一致,但是,为了与她不一致,我们必须在针对同样主题的情况下拥有同样的命题,以及相同的真概念。交流依赖的是,每一个交流者能够或是正确地认为其他人有共享世界的概念,亦即一个主体间世界的概念。但是,主体间世界的概念是一个客观世界的概念,关于这个世界,每个交流者都能有信念。⑤

由于主体间世界的概念是一个客观世界的概念,戴维森进一步提出:

---

① Davidson, "Rational Animals", *SIO*, p. 103.
② Ibid., p. 104.
③ Ibid., p. 104.
④ See Davidson, "Rational Animals", *SIO*, p. 105.
⑤ Ibid., p. 105.

"主体间真的概念足以作为信念的基础,因此作为全部思想的基础。"① 如何理解主体间真的概念呢?戴维森认为,它完全依赖于语言学意义上的交流,他最后得出结论:"理性是一个社会特征。只有交流者才能拥有它。"②

二、行动说明中的"合理性"

行动的因果理论要求:基本理由(信念和欲望)不仅说明行动,而且它们就是行动的原因。下面结合戴维森的行动说明对"合理性"进行阐述。

(一) 合理性原则是行动说明的先决条件

当我们试图把信念和欲望归属于他人身上时,一个问题产生了:归属何以可能?让我们先来看看戴维森的下面这段话:

> 理由要对行动做出合理化说明,唯一的条件就是,理由能使我们看到或想到当事人在其行动中所看到的某事——行动的某种特征、结果或方面,它是当事人需要、渴望、赞赏、珍视的东西,并认为对之负有责任、义务,以及能受益、能接受的东西。③

也就是说,当我们用理由对行动的合理化进行说明时,我们要能够读心:见当事人之所见,想当事人之所想。这就要求我们从当事人的视角来看行动的合理性。

通过欲望(含其他前态度)和信念这个对子来说明行动的说法古已有之。休谟曾经简洁地说过:"问一个人为什么锻炼身体,他会回答说,因为他希望保持健康。如果你进一步问他,为什么要保持健康,他会迅速地回答说,因为生病很痛苦。"④ 在这个例子中,以目的 - 手段的实践三段论的模式来说明是很自然而然的:我有保持健康的欲望且我又相信锻炼身体是保持健康的一种方式,所以我锻炼身体了。通过给出当事人的理由,我们就能够对于其行动给出合理化的解释,在上面的例子中,当事人的理由给了我们希望得到的理性原因。

---

① See Davidson, "Rational Animals", *SIO*, p. 105.
② Ibid., p. 105.
③ Davidson, "Actions, Reasons, and Causes", *EAE* (*Second Edition*), p. 3.
④ David Hume, *An Inquiry Concerning the Principles of Morals*, ed. L. A. Selby Bigge, Clarendon Press, Oxford, 1957, Appendix I, p. 293. From Davidson, " Paradoxes of Irrationality", reprinted in *Problems of Rationality*, p. 173.

可能很多人会认为像独自穿越大沙漠这样的行动是非理性的,但如果当事人是基于自己的信念而进行,考虑到了自己的欲望、抱负和态度,他那些看似古怪的行动就可以得到很好的说明。首尾融贯的信念是可以很轻易解释上面所说的非理性举动的。在戴维森所举喝漆的例子中,① 当事人撬开一罐漆的盖子的理由是由于他有喝漆的强烈欲望,而且他相信通过撬开一罐漆的盖子来喝漆会使自己的行动显得不可理喻。但即使如此,他的行动还是可以通过这个理由合理化。

从上面的分析可以看到,不管是行动说明的前提,还是行动说明的模式,都要求预设命题态度(因而是思想)存在。戴维森说:"……对于具有命题态度的生物来说,问那生物是否大体上是理性的,它的态度和意向性行动是否遵循基本的合理性标准是没有意义的。在这种最基本的意义上,合理性不管怎样是有思想的一个条件。"② 正是在这个意义上,可以说合理性原则给行动的说明提供了先决条件。

(二)合理性原则有助于解释态度归属出错问题

有人可能会问:当我们把命题态度归属到当事人时,难道这种归属一定正确吗?让我们看看前面举的例子:

> 老太太为什么登上公共汽车?她想要买一瓶苏格兰威士忌。她相信口袋里有自己的养老金支票。她相信该公共汽车会开往她喜爱的酒类商店。

在这里的说明中,老太太完全有可能因其他理由登上公共汽车。为了解决这个问题,戴维森提出了借助基本理由的行动说明(见《行动、理由与原因》,1963),当然,这种说明也不是完美无缺的,异常因果链就说明了这一点。但是,就算命题态度的归属错了,其因果力也不会改变。我们此处的探讨可分为两部分:

首先,根据戴维森,自我归属(self-attributions)的可错性并不表明,我不知道自己意谓和相信的东西。③ 他在《第一人称权威》(1984)说:

---

① Davidson, "Actions, Reasons, and Causes", *EAE*, p. 4.
② Davidson, "Incoherence and Irrationality", *POR*, p. 195.
③ Davidson, "First Person Authority", *SIO*, pp. 3–14.

我可能不清楚针鼹鼠（echidna）和豪猪（porcupine）的区分；结果，我把所有碰到的豪猪都称为针鼹鼠。然而，由于在我所学习"豪猪"的环境中，我的词"豪猪"指的是豪猪，而不是针鼹鼠；当我真诚地断定，"那是一头豪猪"时，我认为它就是这个词的所指，我相信眼前看到的就是豪猪。我对决定我意谓和思想的环境的无知没有倾向表明，我不了解我所意谓和思想的东西。①

换而言之，即使我的信念错了，我依然具有第一人称权威，因为我知道自己信念所指。欲望与意向的情形亦是如此。在说明行动时，命题态度的因果力并不会因此而减弱。

其次，他人归属（other-attributions）的可错性也没有表明，命题态度不具因果力。和自我归属不同，对他人做出意向、信念以及欲望等命题态度的归属需求助于第三人称的视角。这也是戴维森所讲的态度归属的非对称性：第一人称的态度归属可在无须证据的情况下被辩护，但其他人称的态度归属则不然。② 在他人态度的归属中，我们需求助证据，一个公共可交流的平台来衡量的证据。以"哥伦布相信地球是圆的"句子为例，由于信念的整体性特征，我们无法用解释通常的心理感觉的方式去解释它，在描述心灵与世界的过程中，我们只能求助于作为中介的行动（包括言语行动）。

对戴维森而言，第一人称的态度归属和其他人称的态度归属的非对性差异在于解释。而戴维森认为，人们关于世界的大多数信念不会为错，于是，当我们尝试去解释一种异类语言时，我们解释全部为错的可能性几乎为零。但是，在把信念归属予他人时，要知道单个信念的归属是否正确，却是需要行动（含言语行动）来检验的，换言之，我们正确解释他人的次数越多，我们正确解释他人的合法性就愈大。因此，我们对他人所做的态度归属一般是不会错的。即使有时错了，我们也知道：他有一个行动的基本理由，虽然我们不一定知道基本理由。"当我们得知一个人出于贪婪欺诈其儿子时，我们无须知道基本理由是什么，但我们知道有一个基本理由以及它的一般性质。"③

---

① Davidson, "The Myth of the Subjective", *SIO*, pp. 48–49.
② Davidson, "Knowing One's Own Mind", *SIO*, p. 16.
③ Davidson, "Actions, Reasons, and Causes", *EAE*, p. 7.

三、对行动合理化说明的评价

合理性原则给戴维森支持的行动的因果理论提供了方法论基础。同时，该原则也捍卫了人们拥有自由意志的常识。常识告诉我们，人是有自由意志的，他需为自己的行动负责任。设想这样的情形：在战场的生死抉择中，有人选择"变节"，有人选择了"守节"。但不管怎样选择，其行动都可以得到合理化说明。"变节"的人可能是因为贪生怕死，也可能是因为贪财好色，还可能是不舍家人。但不管怎样，我们都知道有一个基本理由可使其"变节"行动合理化。同样，"守节"的人可能是因为视死如归，也可能是因为崇高信仰，甚至可能只是因为知己之恩。总之，我们可给出理由使行动合理化。

但行动的合理化说明也带来了不确定性，我们这里讨论两种可能的不确定性：①理由不确定性；②行动的不确定性。在第一种情形中，当我们试图把人的行动归结为基本理由时，我们即是借助信念和欲望（以及其他前态度）对其行动进行说明。当意向性行动发生时，我们当然可以把其归结为某种理由，但是这个理由可能不是真正理由，因为人们的理由不是唯一的。戴维森也承认这一点："一个人可能为一个行动以及这一行动的实施找一个理由，然而这个理由并不是他为什么采取该行动的理由。"① 以山姆倒立为例，他倒立当然可能是为了给秀留下深刻印象，而且这种说明合理化了他的行动。但是，假设这一次山姆只是因为幻觉引起的（他感觉是恶魔在命令他这样做）而完全没有取悦于秀的想法，那么说山姆是为了给秀留下深刻印象的解释就不能合理化地因果说明他的行动。

在第二种情形中，当我们试图从理由推及到可能的行动时，不管我们的理由多么充分，我们都无法保证，一旦某事发生，它必定是由这些理由引起的。戴维森曾这样说过："要对行动做出合理化说明，唯一的条件就是，理由能使我们看到或想到当事人在其行动中所看到的某事。"但当这样做的时候，我们也就把自己的看法赋予了当事人。对于一个罪行累累的人来说，人们当然有理由把很多坏事赋予他身上，而不认为他会做好事。但恰恰作为个体的人有着可变性，"恶人"不一定永远都做坏事，"好人"不一定永远都做善事。这种预设了人某些特征的不变性的观点是值得我们推敲的。

---

① Davidson, "Actions, Reasons, and Causes", *EAE*, p. 9.

正是在这一点上，行动的合理化说明面临一个很大的问题：在一个理想化的合理化的因果说明中，这个理由不应该仅仅起到说明的作用，它还应该一定是这个行动的理由，而戴维森和他的支持者目前看来都还无法做到这一点。

第二节 宽 容 原 则

一、历史背景

宽容原则的提出至少可追溯至威尔逊（Neil Wilson），他是在讨论专名的指称确定问题时提出这个原则的。他问："该怎样去发现一个人附在名字上的意义？"例如，在没有预设罗马史知识和"恺撒"表达式意义的情况下，该怎样确定"恺撒"所指呢？他"让我们设想，某人［我称此人为'查尔斯'（Charles）］做出包含'恺撒'（Caesar）名字的五个断言"①。

（1）恺撒征服高卢。（Gc）（Caesar conquered Gaul.（Gc））

（2）恺撒越过卢比肯河。（Rc）（Caesar crossed the Rubicon.（Rc））

（3）恺撒于三月十五日被谋杀。（Mc）（Caesar was murdered on the Ides of March.（Mc））

（4）恺撒沉溺于使用绝对离格。（Ac）（Caesar was addicted to the use of the ablative absolute.② （Ac）

（5）恺撒和博阿迪西亚是夫妇。（Bc）Caesar was married to Boadicea.（Bc）③

他这样评论：如果查尔斯认为语词"恺撒"意指普拉苏塔古斯（Prasuta-

---

① Wilson, "Substances Without Substrata", *The Review of Metaphysics*, vol. 12 (4), 1959, p. 530.

② 绝对离格，在拉丁文语法中，在句法上独立于句子其他部分的副词词组及包含一个名词加上一个分词、形容词或名词，都为离格。

③ Wilson, "Substances Without Substrata", *The Review of Metaphysics*, vol. 12 (4), 1959, p. 530.

gus），由于大家都知其妻是博阿迪西亚，则（5）可被称之为真，而（1）至（4）为假；如果我们认为"恺撒"指的是历史上的尤利乌斯·恺撒（Julius Caesar），则（1）至（4）可被称之为真，而（5）为假。最后，他的答案是"因此，我们按宽容原则（姑且这样称呼）行事。我们选出使查尔斯的陈述最有可能为真的个体作为所指……我们可能会说，该所指是最满足包含'恺撒'这个词的断言矩阵（the asserted matrices）的个体，它比任何其他个体满足的可能性都要大"①。

蒯因这样表述威尔逊的宽容原则："……表面上惊人的错误断言很可能取决于隐藏的语言差异。"② 他在讨论彻底翻译时也使用了宽容原则，他说：

> 实际上，即使不涉及外语，恰当的翻译也要遵守逻辑规律，这是不言而喻的。因此当一个说英语的人对我们提出的一个英语问句回答"Yes and no"时，我们相信对这个问句的肯定和否定是指不同的方面；我们不会认为他愚蠢到既肯定又否定同一个东西。其次，当某人采纳一种其规律与我们的逻辑规律显然相反的逻辑时，我们总是猜想他只是赋予一些熟悉的字眼（"and""or""not""all"）以新的意义。③

蒯因断言，其至最大胆的体系构造者也要受矛盾律制约。不过，蒯因使用宽容原则的范围是比较有限的，他主要集中在逻辑常项的说明方面。④ 而戴维森承认，他使用宽容原则的范围比蒯因更大。他说："因为我发现自己不能用蒯因的刺激意义的概念来作为解释某些句子，我应用宽容原则是跨界的。"⑤

二、宽容的必要性

由于戴维森的行动说明离不开信念、意向与欲望等命题态度，这就把我们带到了他语言哲学中的彻底解释立场。我们在此部分将从戴维森纲领出发，表明其彻底解释立场何以需要宽容原则作为支撑，并进一步表明宽容原则对于其行动哲学的必要性。

---

① Wilson, "Substances Without Substrata", *The Review of Metaphysics*, vol. 12（4）, 1959, p. 532.
② Quine, *Word and Object*, The MIT Press, 1960, p. 59.
③ ［美］蒯因：《语词和对象》，陈启伟等译，中国人民大学出版社2005年版，第60页。
④ Kirk Ludwig (ed.), *Donald Davidson*, Cambridge University Press, 2003, p. 1.
⑤ Davidson, "Introduction", *ITI*, p. xix.

（一）戴维森纲领

彻底解释要求对说话者话语的意义做出解释，这就要求我们必须首先关注其意义理论。作为语言哲学的核心内容，意义理论一直以来都是语言哲学家的主要研究课题，在历史上曾经出现过指称论、观念论、功用论和行为论。戴维森的意义理论和这些立场相异。在《真与意义》（1967）一文中，他利用了塔斯基的成果对自然语言进行了解释，认为"我对于从形式上表征自然语言的真谓词的可能性持乐观态度，并有一个纲领性的看法"①。

塔斯基曾提出 T 约定："S 是真的当且仅当 P"，其中"S"为关于 L 中一个语句的规范描述表达式所替换，"P"为那个语句（或对它做出的翻译）所替换，并且，倘若有必要的话，"是真的"可为 T 所替换。于是，T 约定可表达如下：

(T) S 在 L 中是真的当且仅当 P；或 S 在 L 中是 T 当且仅当 P。

T 约定的一个典型例子是："雪是白的"是真的，当且仅当，雪是白的。塔斯基否认这一定义能用于自然语言。② 但戴维森认为，T 约定不应只是一种形式语言，它还应该用于自然语言。他对塔斯基的理论进行了一些改造，借助真概念，给出了句子成真的条件：句子的意义在于其成真条件。如果我们知道替换"P"的句子是 S 的翻译，它说明 S 在哪些条件下为真，那么我们就能对"是真的当且仅当"进行替代从而得到（M）：

(M) S 在 L 中意谓 P。

于是，行动句"山姆倒立"一个可能的真值条件就是：

(1) "山姆倒立"是真的当且仅当山姆倒立。

迄今为止，这并没有表明戴维森的真理论能用于经验，也没有承诺事件的存在。这就把我们带到了戴维森的彻底解释的理论。

---

① ［美］戴维森：《真理、意义、行动与事件——戴维森哲学文选》，牟博编译，商务印书馆 1993 年版，第 24 页。
② 同上书，第 15 页。

(二) 彻底解释

在戴维森的语义学中，真理论要求被看作一种经验理论，于是，导致了从语言到言语的关注点的变化，戴维森如是说："对另外一个人的言语的全部理解都涉及彻底解释。"①

真值条件语义学面临一个处理自然语言中的索引词的问题。戴维森提出，语句的真不只是语句本身的问题，而是涉及语句、说话者和说话者时间的关系问题。即这种理论应该可衍推出像下面这样的语句：

由 p 在时间 t 所（潜在地）说出的"我疲倦"是真的，当且仅当由 p 在时间 t 是疲倦的。

由 p 在时间 t 所（潜在地）说出的"那本书已被窃"是真的，当且仅当由 p 在时间 t 所指示的那本书先于时间 t 被窃。②

设想一种具体的情形：一个人来到一个与世隔绝的土著部落，在没有任何在先的语词意义以及相关的命题态度的知识情况下，面对这样一种从未接触过的异类语言，该如何建构一种建立在真概念之上的意义理论呢？在戴维森的彻底解释理论中，意义理论的证据在于说者认为真的条件，即讲待解释的语言的人认为各种各样的语句在某些时间和某些特定场合为真的条件。它就会由许多下面类型的句子组成：

(T) 当"Es regnet"这句话由 x 在时间 t 讲出时它在德语中为真，当且仅当于 t 时在 x 附近天下雨。

(E) 库特属于讲德语的语言共同体，库特认为"Es regnet"这句话在星期六中午为真，当且仅当星期六中午在库特附近天下雨。

(GE) (x) (t) 如果 x 属于讲德语的语言共同体，那么 (x 在 t 时) 认为"Es regnet"是真的当且仅当于 t 时在 x 附近天下雨。

(E) 在此处是作为 (T) 的一个证据出现的，推而广之，它可使一个理论具有一定的合理性。但麻烦的是，库特持有的信念可能为假，于是，说者面临一个怎样解释信念和真的关系的问题。戴维森说：

---

① [美]戴维森：《真理、意义、行动与事件——戴维森哲学文选》，牟博编译，商务印书馆1993年版，第125页。

② 同上书，第23页。

说者之所以认为某个语句在某个场合下为真，这部分地根据他通过说出那句话所表达（或想表达）的某种意思，部分地根据他的某种信念。如果我们必须进行的一切实际上都是做出诚实的表达，那么，我们在不知道说者的话语的意义的情况下，不能由此推出他的信念，并且，我们在不知道说者的信念的情况下，不能推出他话语的意义。①

其关键是，如果不理解说者话语的意义，则无法弄清他的信念；但另一方面，如果不理解说者的信念，则无法弄清话语的意义。根据戴维森的理论，要克服这个问题，就要对人们的信念做出假定，只有在做出假定之后，才能把（E）作为（T）的证据。于是，我们必须假定他们相信我所相信的东西。这就是宽容原则的基本要求。

（三）宽容的必要性

和蒯因不同，戴维森的彻底解释立场不仅要求人们相信矛盾律，还要求人们相信许多非逻辑、有直接经验内容的真理。戴维森提出的宽容原则以人是有理性为前提。他说：

这种旨在以一种对意见一致持乐观态度的方式来解释的方法论上的意见，不应当被设想为有赖于一种可能最终表明是错误的关于人类理解力的假设。如果我们无法找到这样一种解释方式，它把一个人的表达和其他行为揭示一组在很大程度上是相容的、并按照我们的标准为真的信念，那么我们就没有理由认为那个人是有理性的、有信念的，或说出了任何有关实际内容的话。②

这段话告诉我们，戴维森的解释立场的主要目的是理解，而不是事实。关于人们是不是近似理性的或和他们信念欲望的模式相一致的问题，戴维森在一篇答辩文章中这样回答："按照我的观点，这不可能是一个事实的问题：如果某个生物（creature）有命题态度，那么，这生物就近似是理

---

① ［美］戴维森：《真理、意义、行动与事件——戴维森哲学文选》，牟博编译，商务印书馆1993年版，第83页。

② 同上书，第76－77页。

性的。"①

戴维森又说:"宽容不是一个选择……它是被强加在我们身上的;不管我们是否喜欢,如果我们要理解他人,我们就要在大多数场合中把他们看作是正确的。"② 宽容原则如此重要,以至于德维特说:"如果有任何东西能拯救戴维森的语义学,那必定是这一宽容原则。"③

三、宽容原则的内容

虽然宽容原则在戴维森的哲学中占有很重要的位置,但他并没有对该原则做一个系统的描述。基本说来,他的宽容原则包含两个子原则:融贯原则和符合原则。他说:

> 分离意义与意见(opinion)的过程求助于两个关键原则,如果说者是可解释的,那么就一定用得上两个原则:融贯原则(Principle of Coherence)和符合原则(Principle of Correspondence)。融贯原则促使解释者发现说者思想中一定程度的逻辑一致性,符合原则促使解释者把说者对世界的相同特征做出的反应看作他(解释者)在类似环境下也会做出的反应。这两个原则都可以称为(而且一直是)宽容原则:一个原则给予说者少量的逻辑,另一个原则赋予他解释者对世界所持的真信念的程度。正确的解释必然赋予被解释者以基本理性。由正确解释的性质可以推出,人际间的一致性标准和对事实的符合既应用于说者和说者的解释者,也应用于他们的话语和信念。④

(一) 融贯原则

融贯可以说是一个先验要求。戴维森这方面的思想早在他《真与意义》(1967)一文中就已经显示出来:

> 然后,语言学家将试图对持异类语言的人为真这一点做出一种表

---

① Davidson, "to J. J. C Smart", in B. Vermazen and M. B. Hintikka (ed), *Essays on Davidson: Actions and Events*, Oxford: Clarendon Press, 1985, p. 245.
② Davidson, "On the Very Idea of a Conceptual Scheme", *ITI*, p. 197.
③ [美] 迈克尔·德维特:《实在论与真理》(第二版),郝苑译,科学出版社2013年版,第160页.
④ Davidson, "Three Varieties of Knowledge", *SIO*, p. 211.

征,这种表征尽可能把持异类语言为真的人认为是真(或假)的语句映射到语言学家认为是真(或假)的语句之上。……在解释他人的语词和思想时持宽容态度,这一点从另一角度看也是不可避免的:正如同我们必须最大限度地求得一致,否则就要冒不懂持另一种语言的人所谈论的事情这一风险一样,我们同样必须最大限度地求得我们归属于持另一种语言的人的那种自我相容性,否则就要受到不了解他的惩罚。①

这里提到了戴维森的宽容原则的一个要求:解释者和被解释者在信念上需最大限度地一致。解释的方法论要求,"一种好的理论总是在使这种一致达到最大化"②。

具体到行动说明方面,融贯原则应能促使我们把当事人的态度看作连贯的,而且他的偏好具备传递性。也就是说,基于当事人的信念和欲望的归属的前提下使其行动合理化。例如,我们很容易认为他人独自攀登世界第一高峰——珠穆朗玛峰的行动是不可理喻的行动,但是如果我们考虑到当事人的态度的连贯性,我们则一定会挖掘他行动后面的欲望、态度及抱负。倘若我们知道他独自一人曾经成功地登上过其他高峰,他为了此次行动已收集了一些相关资料,拜访过一些有经验的登山者,而且还准备好了一些必要的救生工具,我们就不会觉得他独自登山的行动是不可理喻的了。

(二) 符合原则

古典符合论的观点可以追溯至亚里士多德:"凡以不是为是、是为不是者,这就是假的,凡以实为实、以假为假者,这就是真的。"③ 关于古典符合论的观点,德维特这样描绘了它的困难:"如果一个句子的真成立是由于它符合事实,那么我们就需要说明这个'符合'与这些事实。对'符合的说明'很快就陷入于一种隐喻:句子'反映'或'描绘'了事实。然而,事实是不具备确定的同一状态的神秘实体。"④

当代的符合论关注的则更多,它不仅试图消除古典符合论的困难,而

---

① Davidson, "Truth and Meaning", *ITI*, p. 27. 译文来自《真理、意义、行动与事件——戴维森哲学文选》,牟博编译,商务印书馆1993年版,有少许改动。
② Davidson, "Thought and Talk", *ITI*, p. 169.
③ [希腊]亚里士多德:《形而上学》,吴寿彭译,商务印书馆1959年版,第81页。
④ [美]迈克尔·德维特:《实在论与真理》(第二版),郝苑译,科学出版社2013年版。有少许改动。

且还包含了语义学的考虑。其中，戴维森符合原则的基本观点如下："一个说话者的信念，尤其是那些关于他环境的信念，大体上是真的。"① 下面，我们将从"持真"态度、"无对照的符合"以及外在论三方面对戴维森的符合论原则进行探讨。

1. "持真"（hold true）态度

知道一个句子的意义就是知道该句子的真值条件，这是戴维森纲领的核心，也是他彻底解释理论的基础；同时它还体现了符合原则。

当听者（解释者）对说者讲的话进行解释时，他关注的东西不仅包括语言，还包括说者和他讲出句子的关系。在前面所设想的异类语言的情形中，听者（解释者）必须对说者所讲的句子有一个基本的倾向，即，他必须假定说者对自己所讲的句子有一种"持真"的态度倾向。这种持真的态度和说者所在的环境一起有助于说清楚什么是符合。戴维森说：

> 如果我们问如何检验一种解释方法，那么行动理论与解释之间的相互关系就以另外一种方式呈现出来。最终，这个回答一定是这样：它有助于我们理解行为的有序性。但在中间阶段，我们可以看到，当指向句子时，持真或接受为真的态度一定在构造理论中起到关键作用。②

可以看出，在宽容原则的理解方面，戴维森的观点和蒯因的精神是一脉相承的，但是他的宽容原则应用范围更广，贯彻到了有经验内容的句子。他说：

> 在蒯因的标准下，与那些不易被直接检验的事件（goings-on）相适应的句子和谓词可以随意被解释，只要我们对它们和直接受制于世界的句子的相互联系施加一些限制。在这里，我将把宽容原则推广，使其支持那些尽可能保真的解释：我认为，在我们能够做到的情况下，把说者接受为真的东西解释为真，这样就有利于相互理解，因此就能够做出更好的解释。③

"把说者接受为真的东西解释为真"，这是宽容原则的又一个要求。这

---

① Ludwig, K. (ed.), *Donald Davidson*, New York: Cambridge University Press, 2003, p. 17.
② Davidson, "Thought and Talk", *ITI*, p. 161.
③ Davidson, "A Coherence Theory of Truth and Knowledge", *SIO*, p. 149.

就表明，解释者（听者）需从被解释者（说者）的角度去理解他说的话。为了指派真值条件给说者，解释者需做出自己与被解释者信念最大化一致的假定。具体到命题态度方面，借助持真态度，我们亦可用表达自己信念、欲望或意向的句子去理解表达他人信念、欲望或意向的句子。在解释的过程中，解释者可能面对两种类型的句子：观察句和非观察句。其中，观察句是最基本的。当解释者在解释观察句时，他赋自己的信念内容于说者的信念内容。在蒯因所举的例子的情形中，当土人在一只兔子从旁跑过时说"Gavagai"，如果听者（解释者）认为它意指"一只兔子从旁跑过"，他会认为土人亦有类似的持真态度，而且，其持真态度的对象和实际情形相关。虽然解释者对最基本的场合句情形的解释依然有出错的可能性，但这不会具有普遍性，"在最简单、最基本的情形中，语词和句子的意义都是来它们学习时所出现的对象和环境"①。因此，"当火出现时，火出现（通常）会促使我们持这样一个受学习过程影响的句子为真；以蛇出现为条件并被人们认为是恰当的词也使我们认为是提及蛇"②。

2. "无对照的符合"

我们前面对戴维森的"持真"态度做了考察，表明了戴维森"把说者接受为真的东西解释为真"的观点。这一部分将对戴维森在《真和知识的融贯论》（1983）一文中曾提出的"无对照的符合"③进行考察。

提到符合，人们经常会觉得有一个和信念相对照的实体。但我们在第二章第四节的分析已经表明，对于戴维森来说，命题态度不是心灵之前的对象，它不是像小猫小狗那样的实体。如果不存在和信念相对照的实体，一个人怎样说清楚他具有的和世界相关的全部信念是否为真或倾向于为真？戴维森说：

> 我们一直在假定，只有通过把他的信念和世界联系起来，把他的某些信念和感觉的意见逐个对照起来，或是把他信念总体和经验法庭对照起来，这才是可能的。但这样的对照是无意义的，因为，我们当然不能在皮肤之外去寻找是什么东西引起我们意识到的内部事件的发生。④

---

① Davidson, "Knowing One's Own Mind", *SIO*, p. 44.
② Ibid.
③ Davidson, "A Coherence Theory of Truth and Knowledge", *SIO*, p. 137.
④ Ibid., *SIO*, pp. 133–134.

虽然他并不认为有和信念对照的实体，但他并不因此否认信念的真实性。他在同一篇文章中断言，"信念就其本性来说是真实的"①。我们应该"把一个信念的对象看作该信念的原因"②。这代表着对符合理解的一种转变，符合的侧重点从信念的内容转到了信念的原因，因为他在《思想与言谈》（1975）中说："一个信念是由它在一种信念模式中的位置加以确定的，而正是这种模式决定了这个信念的主题以及它所涉及的内容。"③

有人提出质疑，认为如果我们每一个关于世界的信念都可能为错的话，那么，信念总体为错也是可能的。戴维森否认了这一点，他认为，由于"由于经验的信念具有整体的特征，我们关于世界的所有信念为假的可能性是不存在的"④。例如，如果我认为老鼠消失在一张椅子后面，这个信念当然可能为假，但如果我并不真正相信老鼠是小的四足哺乳动物，这个信念还能说是错的吗？显然是不可能的。

关于戴维森的这种"无对照的符合"的观点，罗蒂认为，戴维森所说的"无对照的符合"是与拒斥"模式与内容"的二元论是一致的，他指出，这样的做法让人想起了实用主义驳斥二元论，消解二元论的传统问题的运动。就使得戴维森的思想与实用主义有了"亲缘关系"。⑤

3. 外在论

外在论的基本观点是：信念的内容或语句的意义至少部分地由心灵之外的因素决定。

戴维森说："交流开始于原因会聚在一起的地方，这也就是说，在下述情况下你的表述的含义等同于我的表达的含义：对你的表述的真实性的信念是系统地由同样的事件和对象所引起的。"⑥ 这显然是一种和知觉相关的外在论：信念内容由外在于主体的因素决定，特别是引起该信念的原因所决定的。不过，戴维森不止于此，他的外在论还吸收了社会外在论的积极因素，他说：

> 两个人对于来自某个方向的感觉刺激各不相同。如果我们把这些输入线向外投射出去，共有的原因是它们的交集。如果两个人注意到

---

① Davidson, "A Coherence Theory of Truth and Knowledge", *SIO*, p. 146.
② Ibid., p. 151.
③ Davidson, "Thought and Talk", *ITI*, p. 168.
④ Davidson, "Epistemology Externalized", *SIO*, p. 195.
⑤ 参见［美］罗蒂《后哲学文化》，黄勇编译，上海译文出版社 1992 年版，第 203 页。
⑥ Davidson, "A Coherence Theory of Truth and Knowledge", *SIO*, p. 151. 译文来自牟博选编《真理、意义与方法》，商务印书馆 2008 年版，第 356 页。

相互的反应（在语言的情形中，就是口头的反应），每一个人能够把这些被观察到的反应同他（她）来自世界的刺激联系起来。共有的原因就决定下来。给思想和言语以内容这个三角关系于是就完成了。①

也就是说，要决定信念内容，我们需要一种系统的、普通的以及共享的原因，正是在这个基础上，一个人拥有自己心灵、他人心灵以及人所在的世界这三种类型的知识才是可能的。戴维森这样评论："这三类知识都涉及同一实在的方方面面，它们的差异在于进入到实在的模式。"② 它们的关系如何呢？戴维森认为："每一类知识都依赖于其他知识的方式表明，没有一种知识可以被消掉或是还原为其他类型的知识有其原因。"③ "三种类型的知识构成了一个三脚架：如果任意一个脚架失去了，其他部分也就不能立起来。"④

在行动合理化说明中，要确保恰当地把信念与欲望归属在他人身上，我们须从当事人的角度去考虑他的信念、欲望与意向，并使其信念、欲望与意向最大一致化，这是融贯原则的要求；同时，我们又必须考虑到我们和当事人共有的信念原因，这是符合原则的要求。正因为如此，我们才能说戴维森的行动说明预设了宽容原则。

四、捍卫宽容原则

戴维森的宽容原则也受到了许多诘难，我们考虑以下两种，并在回应诘难的同时对宽容原则进行了辩护。

第一种诘难来自德维特（Michael Devitt）：

> 在我看来，我们的任务是，把异类的言语行为（verbal behavior）的说明方式和他的其他行为、他的历史、他的环境以及他的社会的说明方式结合在一起。该说明既可能归属很多和我们非常相似的信念给异类。然后，也可能归属很多和我们差异很大的信念给异类。正如指称的因果理论表明的那样，怎么可能弄错对象，然而还是指它们呢？⑤

---

① Davidson, "A Coherence Theory of Truth and Knowledge", *SIO*, p. 213.
② Ibid., p. 205.
③ Ibid., *SIO*, p. 214.
④ Ibid., p. 220.
⑤ Michael Devitt, *Designation*, Columbia University Press, New York, 1981, p. 115.

他接着举了异类的"宗教"情形的例子:如果我(按自己的角度)宽容地对说者进行解释,我不会把宗教信念归属给他。① 在《实在论与真理》一书中,德维特继续坚持自己的观点:"我们将信念和意义归于一个人是说明的任务。"② "我试图在语义学上以不宽容的方式对一个人做出说明,与我在宗教和政治上以不宽容的方式对这个人做出说明,这两者会有什么差别?"③

让我们试着从戴维森的视角去分析这种诘难。戴维森曾举了一个河马的例子:如果某人说"冰箱里有一头河马",我当然很容易把他的话解读为冰箱里有一头河马。但是,如果某人接着说:"它长得圆圆胖胖,表皮起皱,……味道吃起来很可口,至少把它榨成汁液是这样,买一个花一角钱。我吃早饭时榨两三个吃。"我们的思路自然就会转到另一方面,他的言语所指和我惯常用的言语所指不同:他在此处所用的"河马"指的是橘子而不是一般人所认为的河马。在达到后面的共识之前,我们能做的最好选择便是选择一种彼此之间能接受的最大一致的理论。④

让我们回到德维特的诘难,如果我是一个无神论者,而被解释者是一个有神论者,当我宽容地以自己的视角归属无神论信念于被解释者身上时,我确实是错了。但是,异类的宗教的情形就能说明宽容原则不适用吗?如果我和你的信仰完全不同,大到以至于无法就信仰方面达成共识,我们当然不能谈论信仰。但是,如果我们的交流能进行下去,我们一定会宽容地就某方面达成共识,而这样的共识归结底一定会是对象和环境的反映,例如,以蛇出现为条件并被人们认为是恰当的词使我们认为是提及蛇,当我把这种信念归属于说者时,和宗教相比,这种归属的错误可能性是非常低的。诚然,异类宗教归属的例子和河马的例子是有区别的,前者没蕴含任何关于异类宗教的知识,而后者至少说明了双方有和橘子相关的共同知识。但是,有一点是共同的:"我们能理解差异,但只是因为,我们有共享的信念的背景。"⑤ 正是因为这个理由,我认为德维特的攻击并没有严重威胁到戴维森的宽容原则。

第二种诘难来自帕金(Peter Pagin),他对自己的诘难做出归纳:

---

① Michael Devitt, *Designation*, Columbia University Press, New York, 1981, p. 116.
② [美]迈克尔·德维特:《实在论与真理》(第二版),郝苑译,科学出版社2013年版,第159页。
③ 同上书,第160页。
④ Davidson, "On Saying That", *ITI*, pp. 100–101.
⑤ Davidson, "The Method of Truth in Metaphysics", *ITI*, p. 200.

解释者不能（用日常概念）简单设计出一种使得说者持有的只是真信念的意义理论的理由是，这样的理论必须是组合的；这些定理一定是基于一个共享基础而联系的。如果不是这样，对于说者持真的任何句子来说，解释者不可能仅仅挑出一种真的解释，因为那样的话，一个句子的解释将不会给其他句子的解释加于限制。既然任何信念都可能为真，解释者可能高度支持宽容。这种观察表明，组合性必须是独立的要求，因为它不可能由宽容而得到辩护。①

我们来看看戴维森及其支持者对帕金的诘难的可能回应。在 20 世纪 50 年代，戴维森在从事决策论的研究，企图找出一种评估"主观可能性"（subjective probability）和"效用"（utility）的途径。这两个概念很大程度上体现了信念与欲望的核心：我们行动的主观可能性就是我们相信行动发生的可能性有多大，我们行动的效用就是我们对行动的评估。戴维森从诸如信念、期望、意向、行动等概念的可应用性角度展开论证，他主张："如果我们清晰地归属态度和信念，或者有效地把运动描述为行为，那么，在行为、信念和欲望的模式（pattern）中，我们就对找到很大程度的合理性和一致性做了承诺。"②

在日常生活中，人们在谈及长度测量时，如果 A 比 B 长，而且 B 比 C 长，很容易就能得出 A 比 C 长的结论；在决策论中，人们也期待，他们能够给予"在 A 和 B 中，S 更喜欢做 A"这样的选择合适的解释，并在这个基础上推及到：如果在 A 和 B 中，S 更喜欢做 A 且在 B 和 C 中，S 更喜欢做 B，则在 A 和 C 中，S 更喜欢做 C。

这代表了一种普遍为人接受的思路，偏好是可测量的，至于为什么人们具有各种偏好，则由信念度来解释，信念度的构筑是合理的意味着信念度是内在一致的。经典贝叶斯主义据此认为：一方面，信念度和效用由偏好推出，但同时偏好部分地由信念度产生，对价值和概率的表达交织在一起，无法完全分离。另一方面，对偏好性质的理解来自对行动的观察，而依据偏好确定效用函数和信念函数后，又可指导选出行动方案。因此，拉姆齐主张对行动的期望效用最大化解释，并没有在信念、期望和行动背后寻求更深层次的原因，而是尝试构筑一个一致性系统，在信念度、效用和行动的三角架构中解释行动。上述要求与戴维森关于合理性的主张是契

---

① Peter Pakin, "Radical Interpretation and the Principle of Charity", in Ernie Lepore and Ludwig Kirk (ed.), *A Companion to Donald Davidson*, Wiley-Blackwell, 2013, p. 233.

② Davidson, "Psychology as Philosophy", *EAE*, p. 237.

合的。

拉姆齐的一致性系统主要关注效用的赋值与偏好序列的一致性以及信念度的赋值与偏好序列的一致性,当然其前提是给出偏好的理性条件,由偏好的理性限制(通常表达为公理形式)推出效用和信念度,因此偏好公理举足轻重。倘若,这个一致性系统能很好地给出,那么就可以说决策论刻画了行动解释所预设的合理性原则。

在谈到决策论的作用时,戴维森说:"在所有情形中,该理论都非常强大和简单,而且它构成了其他令人满意的理论(物理学的或语言学的)假定的概念,以至于我们必须尽力使发现或解释适应它以保留该理论。"①

就目前而言,经典决策论还无法有效给出关于效用和信念度的一致性系统,因此决策论还不能成为行动说明中统一的合理性理论。但是,它至少给信念、欲望以及行动等心理事物提供了一条评估的途径,而这并不像帕金认为的那样:宽容不能给组合性以辩护。

第三节 整体论原则

在宽容原则背后,有一个非常重要的方法起作用,那就是整体论原则。"这一观点认为,整体在形而上学、认识论或解释力优于其所由组成的元素。整体不能还原为部分。一个部分不能离开它所属的整体来理解。"②

一、蒯因的整体论原则

戴维森的整体论观点来源于蒯因,他说:"如果要按照我所提议的那种方式从真理理论中引出形而上学结论,那么研究语言的方法就必定是整体论的。"③ 戴维森哲学中的整体论原则主要来源于蒯因的影响。蒯因在《经验上等价的世界系统》一文中明确写道:

---

① Davidson, "Hempel on Explaining Action", *EAE*, p. 273.
② [英]尼古拉斯·布宁、余纪元:《西方哲学英汉对照辞典》,人民出版社2001年版,第443-444页。
③ [美]戴维森:《真理、意义、行动与事件——戴维森哲学文选》,牟博编译,商务印书馆1993年版,第134页。

> 整体论已被正确地叫作迪昂论题，并且还被相当慷慨地叫作迪昂—奎因（即蒯因）论题。它所说的是：科学陈述并不是孤立地受到相反的观察责难的，因为唯有共同地作为一个理论，它们才蕴含其观察结论。面对相反的观察，通过修正其他的陈述，可以坚持任何一个陈述。①

这种观点较为极端，因此，蒯因力求将其"温和化"，经过温和化之后，蒯因的整体论现在要说的是："一个正待验证的理论推出了一个假的观察预言，但这并不是否定该理论的充足理由，因为不单单是那个理论本身，而是它和其他的理论一起，才做了那个假预言。"②

在他著名的文章《经验论的两个教条》一文中，蒯因利用整体论批判了逻辑经验主义的两个教条。逻辑经验主义相信，每一个有意义的陈述都能还原成一种关于直接经验的陈述。但是，蒯因对这种还原论进行了批判，他说："我认为我们关于外在世界的陈述不是个别的，而是仅仅作为一个整体来面对感觉经验法庭的。"③ 在许多情形中，即使被认为是经验证伪的命题也可以通过调整陈述来重新使其合理化。例如，对坚持"所有的天鹅都是白的"的人来说，即使有人找到了一只黑天鹅，也不意味着这个陈述被彻底证伪了。他可以找借口说，"这只'黑天鹅'并不是天鹅"或"你看到的'黑天鹅'只是幻觉"诸如此类的借口。

蒯因的知识观是一种整体主义的知识观，这种观点认为我们所谓的知识或信念构成一个整体，接受经验的是知识整体，而不是处于整体边缘或离边缘较近的那些陈述。

二、戴维森的整体论原则

在自然科学和社会科学中，整体论原则得到了广泛的应用。本部分主要是从方法论的角度探讨戴维森的整体论原则的。"整体论认为，言语以及思想的内容依赖于意义的联系及思想的联系。"④ 这就把我们带到了两种整体论：心理整体论和意义整体论。

---

① ［美］蒯因：《经验上等价的系统》，载《认识》1975 年第 9 期，第 313 页。转引自陈波《奎因哲学研究：从逻辑和语言的观点看》，第 182 页。
② 详情可参见陈波《奎因哲学研究：从逻辑和语言的观点看》，第 183 - 184 页。
③ ［美］蒯因：《从逻辑的观点看》，江天骥等译，上海译文出版社 1987 年版，第 38 - 39 页。
④ Davidson, "What Is Present to the Mind?", *SIO*, p. 65.

(一) 心理整体论

在戴维森的行动哲学中,和信念、欲望与意向等概念一样,行动也属于心理概念。因为在戴维森的行动说明中,行动是通过前者说明的。

行动的合理化说明要求当事人的态度服从理性的规范,这就表明当事人的态度对他的行动来说是一定是必需的;而要赋予当事人一种有具体内容的态度,就必须赋予他无限的具有相关内容的态度。例如,我们要使某人相信美国总统是选举出来的,我们就必须使他相信有关美国政体以及选举制度等方面的相关信念。他说:

> 我们无法根据一个人的言语行为、他的选择或其他逻辑符号(无论它们多么清楚明白)来逐个地把信念归诸那个人,因为,只有当特定的信念与其他信念,与偏爱,与意向、希望、恐惧、期望等融贯一致时,我们才了解那些特定信念的意义。①

通过这段话,我们可以非常清楚地看到,戴维森否认了逐个归属信念的可能性,因为是否赋予其某个信念,它还须信赖于和我们相关的其他心灵状态,特别依赖于其他信念。具体说来,"我可以相信一朵云在太阳前飘过,但这只是因为我相信有一个太阳;相信云是由水蒸气构成的;相信水能以液态或气态形式存在;如此等等"②。

福多(Jerry Fodo)对戴维森的观点提出异议,他举了一个例子:一个上了年纪的妇女("T 太太")赞成句子"麦金利(Mckinley)被刺杀",然而她却不确定麦金利是谁,也不记得麦金利是死是活。在这种情形中,需要预设整体论吗?福多这样说:

> 对于 T 太太来说,无可争议的是,只有在她忘记了许多关于死亡、刺杀以及麦金利总统的事情,她才会停止相信麦金利被刺杀。但是,如果意义整体论能站得住,它必须说明她停止相信麦金利被刺杀是因为她忘了许多关于死亡、刺杀以及麦金利总统的事情。③

---

① [美] 戴维森:《真理、意义、行动与事件——戴维森哲学文选》,牟博编译,商务印书馆 1993 年版,第 260 页。

② 同上书,第 131 页。

③ Jerry Fodor, *Psychosemantics*: *The Problem of Meaning in the Philosophy of Mind* (Cambridge, Massachusetts: Bradford Books, MIT Press, 1987, p. 62.

福多似乎认为，如果意义整体论的支持者不能证明 T 太太的信念崩溃引起她丢失更多信念，他们就没有表明信念的识别依赖于其他信念之间的联系。福多质疑的是意义整体论，但考虑到在戴维森的哲学体系中，信念和意义不可分。因此他对整体论的质疑将不仅仅限于语言哲学领域。

福多对戴维森的质疑并不构成太大威胁。因为在戴维森的支持者看来，其缺口的填补依赖于解释。虽然我们都可赞成：句子"麦金利（Mckinley）被刺杀"是真的当且仅当麦金利被刺杀，但是在句子的使用的过程中，"麦金利"却不一定指我们熟悉的麦金利总统。T 太太对麦金利总统知识的无知并不表明她不了解自己的思想。在讲出句子"麦金利被刺杀"时，T 太太可能指的是"林肯被刺杀"。如果是这样的话，她讲出的句子"麦金利被刺杀"时，尽管她可能没有死亡、刺杀以及麦金利总统的知识，但她一定会有诸如美国有一个总统、美国有一个总统曾被刺杀之类的信念。

在《思想的呈现》（1997）一文中，戴维森说明了描述思想的呈现之艰难的原因："其理由就是，要谈论或是描述思考、按理由的行动、相信或是怀疑（这些都是相互依赖的），我们必须有这么多的概念。这是心理整体论，心理各方面相互依赖。"①

（二）意义整体论

意义整体论强调，句子的真实性必须通过一个整体来检验而不是逐个地加以检验。在评价弗雷格的语言哲学思想时，戴维森说："我们只有通过给出那种语言的每个语句（和语词）的意义才能给出任何一个语句（或语词）的意义。弗雷格说，只有在语句语境中，一个语词才有意义；他或许还会以同一口吻说，只有在语言语境中，一个语句（因而一个语词）才会具有意义。"② 这显然是戴维森持意义整体论原则的一个明显佐证。

由于戴维森哲学的整体性特征，对心理整体论的关注会导致对意义整体论的关注。戴维森的意义整体论要求——意义与信念相互依赖，他这样描述意义与信念之间的关系：

> 一个句子意谓的东西部分依赖于外在环境——导致它得到某种信度的外在环境；部分依赖于这个句子与其他被持真的具有不同程度信度的句子的关系（不管是语法的还是逻辑的）。因为这些关系本身被直

---

① Davidson, "The Emergence of Thought", *SIO*, pp. 123 – 124.
② ［美］戴维森：《真理、意义、行动与事件——戴维森哲学文选》，牟博编译，商务印书馆1993年版，第8页。

接翻译成信念，故我们很容易看到，意义是怎样地依赖于信念。然而，信念同样地依赖于意义，因为，只有通过说者及其解释者用来表达和描述信念的那些语句，我们才能达到对信念的精细结构和个体特性的理解。①

意义与信念不可分的观点是取消分析与综合的截然分别的结果，正如戴维森评论蒯因时所言："一旦某人拒斥了分析与综合的区别，他也就放弃了信念与意义，整体的理论与语言之间的区别。"② 其结果是，意义与信念、欲望、意向、行动交织在一起，这就使得，戴维森的行动哲学领域与语言哲学领域的主题也相互交织在一起。

整体论原则是戴维森彻底解释立场的一个结果，因为解释者虽然承认信念与意义的相互依赖性，但他却不能以单独的一样为解释起点；相反，解释者是以整体的信念与意义作为解释起点的，这就要求我们尽量把被解释者看作融贯的。理解了这一点，我们也就很大程度上理解了行动的合理化说明。

三、对戴维森整体论原则的评价

在戴维森的行动的因果理论中，诸如意志软弱和自我欺骗这些非理性的情形极大地给整体论原则构成了威胁。由于戴维森在行动哲学方面坚持的是行动合理化说明，它要求当事人的信念之间、信念和行动之间的关系是融贯的，虽然这种融贯性和逻辑形式的融贯有所不同。蒯因曾断言：最大胆的的体系构造者也要受矛盾律约束。他同时认为，"如果他容许含有矛盾，那他就要重新调整他的逻辑规则以确保某些差别"③。对于蒯因的这种断言，戴维森应该是没什么异议的，因为他在阐述非理性的情形时甚至没有突破一阶逻辑矛盾律的约束。

如果戴维森既承认整体论原则，又承认非理性行动的存在，他必然面临一个问题：它们是怎样能够和平相处的？上一章对非理性的情形的分析已经表明，整体论原则再一次起了作用：通过引入弗洛伊德的方法，戴维森提出心灵区分、心灵隔离的观点，表明非理性的行动和代表整个系统的

---

① Davidson, "A Coherence Theory of Truth and Knowledge", *SIO*, p. 147.
② Davidson, "What is Quine's View of Truth?", Inquiry, 1994, p. 437. 转引自叶闯《理解的条件——戴维森的解释理论》，商务印书馆2006年版，第221页。
③ ［美］蒯因：《语词和对象》，陈启伟等译，中国人民大学出版社2005年版，第60页。

原则至少可以暂时和平相处，因为那些原则已经被压制起来。①

但是，整体论原则作为一种方法论原则虽然是行之有效的，但其力量却难说是致命的，因为被攻击者同样可以利用该原则化解攻击。

以蒯因在《经验论的两个教条》（1953）对分析命题和综合命题的区分的攻击为例，虽然他似乎令人信服地表明，不存在事实成分等于零的分析陈述，因此不可能在分析命题和综合命题之间划出一条明确界线。然而，人们还是习惯性地使用分析与综合的概念：懂得用法的人在讨论时不会相互误解，而不懂得用法的人也可通过向懂得用法的人学习获得其含义。如果是这样，我们仍然可以说分析和综合的界线是存在的，尽管这条界线只是日常中的界线。戴维森自己的用法似乎也体现了这一点：一方面，像蒯因一样，他拒斥分析和综合的区别；另一方面，他仍然使用分析这个概念。例如，在《行动、理由与原因》（1963）中他这样说："一个因果陈述的真取决于事件被描述成什么；其状态是分析还是综合的则依赖于事件如何被描述。"② 而戴维森的行动哲学立场很大程度又是依赖于分析和综合不可分这个前提的，这就意味着，作为方法论的整体论原则必须和其他原则一起才能起到它应该有的作用，而合理性原则、宽容原则至少给他提供了一种行之有效的选择。

第四节 戴维森行动哲学的实用主义倾向

本节试图表明的是，尽管戴维森面临的问题和蒯因不大相同，他的行动哲学仍然体现出了实用主义的倾向。

一、戴维森和实用主义者的关系

罗蒂曾认为，戴维森工作与蒯因工作的亲缘关系，以及蒯因工作与杜威工作的亲缘关系，使我们把戴维森看作属于美国实用主义传统的观点变得很有吸引力。③ 在《对真和解释的探究》一书中，戴维森在扉页上说，该书是献给蒯因的，并说"无他不成此书"。不过，戴维森自己并不愿被人称

---

① 戴维森关于非理性的观点可参看第四章。
② Davidson, "Actions, Reasons, and Causes", *EAE*, p. 12.
③ ［美］罗蒂：《后哲学文化》，黄勇编译，上海译文出版社2004年版，第195页。

为实用主义者。因此，我们只能从实用主义的根本立场，以及一些哲学家对他的看法对这一点进行探讨。他在1989年所做的哥伦比亚大学第六次杜威系列讲座，开讲第一句话是："如果没有可以思想的生物（creature），世界上没有一样东西，没有任何对象或事件，可以是真的或假的。"①这句话表明了为什么人们要把他看作实用主义者。

二、戴维森哲学中的实用主义倾向

（一）戴维森语言哲学中的实用主义倾向

在戴维森哲学中，真和意义的联系非常紧密，给出意义即是给出真值条件。由于戴维森彻底解释的立场要求对潜在的每一个句子给出恰当的解释，那就表明，那些适合真的断言同样适合行动句。在真理问题上，戴维森反对传统的真理符合观，因为那种理论认为真理需要外在世界与之对照，因此是不可思议的。但是，他并没有放弃符合这一说法，他提出了"无对照的符合"的观点，因为"仅仅具有融贯性（无论合乎情理地规定出多么强的融贯性）还不能保证相信如此的东西就是如此"②。还需要符合，"一个希望他的话被人理解的说话者不可能就他在什么场合赞同语句（即认为这些语句为真）这个问题系统地欺骗将要成为他的解释者的人。因此，在原则上，意义以及与意义相关的信念都易于公共地确定"③。这种观点也表现在他的行动哲学中，因为对行动的理解也是离不开真的。例如，对行动句"张三正在意向性地打李四"的解释必然会涉及句子本身的意义，以及相关的信念。这就是"无对照的符合"的观点。

（二）戴维森行动哲学中的实用主义倾向

当然，戴维森行动哲学的实用主义立场更多体现在和蒯因的直接渊源上。蒯因说：

> 卡尔纳普、刘易斯等人在选择语言形式、科学结构的问题上采取实用主义立场，但他们的实用主义在分析的和综合的之间想象的分界

---

① Davidson, *Truth and Predication*, The Belknap Press of Harvard University Press, 2005, p. 7.
② ［美］戴维森：《真理、意义、行动与事件——戴维森哲学文选》，牟博编译，商务印书馆1993年版，第167页。
③ 同上书，第179页。

线上停止了。我否定这样一条界线因而赞成一种更彻底的实用主义。每个人都给予一份科学遗产,加上感官刺激的不断的袭击;在修改他的科学遗产以便适合于他的不断的感觉的提示时,给他以指导的那些考虑凡属合理的,都是实用的。①

通过对"分析的和综合的想象的分界线"的批判,蒯因接纳了实用主义的知识观。这也是他始终坚持的,他在《理论和事物》(1981)中说,关于外间世界的实在性问题,即"关于我们的科学是否或在多大程度上与物自体(Ding an sich)相符合的问题"是一个"超验的问题",在他的认识论中是"消失掉了的"。②

蒯因甚至认为,本体论问题和自然科学问题是同等的,③它同样不以是否符合实在为取舍标准。蒯因在《论何物存在》一文中区分了讨论本体论的两种不同问题,一个是何物实际存在的问题,另一个是我们说何物存在的问题。前者说的是"本体论"的事实问题,后者则主要是和语言相关的"本体论承诺"的问题。由于本体论承诺的问题主要是语言问题,那么,当我们说按照某种理论承诺了某事物的存在时,并未蕴含这种理论为真。那么,我们怎么看待那些相互对立的本体论呢?蒯因的答案是,"我所提出的明显忠告就是宽容和实验精神"。这里的"实验精神"就是实用主义精神,即是指对各种不同的本体论应当采取"试试看"的态度,任其发展,暂时不做判断。④ 蒯因对实用主义的更系统阐述是在《实用主义者在经验主义中的地位》一文中,蒯因认为,在后休谟的经验主义中有五个方面与经典实用主义直接相关。第一是方法论的唯名论,第二是本体论的脉络主义,第三是认识论的整体论,第四是方法论的一元论,第五是方法论的自然主义。⑤ 戴维森哲学的立场在很大程度是体现出了这几个特点的。

在行动的说明方面。尽管戴维森的行动哲学认为,合理化就是一类因果说明。但是,这类因果说明主要是建立在对事件的描述方面的,而不是事件本身。这样,此问题很大程度上就是一个语言的问题。对理性的解释在相当大的程度上是需要归结到诸如信念、欲望和意向这样的命题态度上面的,而这些命题态度完全依赖于我们的描述,正如戴维森所认为的那样,

---

① [美] 蒯因:《从逻辑的观点看》,江天骥等译,上海译文出版社1987年版,第43页。
② [美] 蒯因:《理论和事物》,第22页。转引自《从逻辑的观点看》,上海译文出版社1987年版,第15页。
③ [美] 蒯因:《从逻辑的观点看》,江天骥等译,上海译文出版社1987年版,第43页。
④ 参见江怡《现代英美分析哲学》(下),江苏人民出版社2005年版,第776页。
⑤ 参见黄勇《后哲学文化》译者序,第8页。

人们是不是近似理性的或和他们信念欲望的模式相一致,它不可能是一个事实的问题。这也就表明,戴维森的行动哲学的立场没有承诺一个与之相对应的外部实在的存在。此外,这种关于行动的说明使用的是回头看的方法,即通过行动再看引起行动的原因,这和传统的实用主义基本上是一致的。正如江怡指出:

> 由于"态度"概念是无法与"行为者"的概念完全分离的,所以,在戴维森看来,它们应当是因果性概念。这样的因果性概念是一种回溯式的,就是说,总是要求回头看引起事件发生的原因。当然,无论是整体论态度还是回溯式因果概念,这些都表明了戴维森的行动哲学完全依赖于行为者的意向,依赖于行为者根据自己的意向完成的行动。这与传统实用主义的基本立场是一致的,不同的是他更重视以分析的方式指出所有的行动都是理性的活动,从而排除了传统实用主义遗留下的行为者的神秘意向问题。①

在本体论方面,我们同样可以看出其实用主义立场。戴维森设定事件为本体论构成最主要的原因是它的功效,对他而言,这种功效超过了本体论不经济的缺点。当讨论事件本体论的时候,他实际上是在本体论承诺的框架下探讨这个问题的。如果认为引入事件在很大程度上是因为语义学的要求,那我们就必须承认,当戴维森在设定本体论构成时,他讨论的主要还是语言问题,即根据这种理论有何物存在的问题。结合蒯因的以下断言就更容易理解这一点,本体论问题"不是关于事实的问题,而是关于为科学选择一种方便的语言形式、一个方便的概念体系或结构的问题","我们之接受一个本体论在原则上同接受一个科学理论,比如一个物理学系统,是相似的,至少就我们有相当的道理来说,我们所采取的是能够把毫无秩序的零星片断的原始经验加以组合和安排的最简单的概念结构"。②

当然,无论是行动的说明方面,还是在本体论方面,戴维森的理论都表示出了强烈的反二元论的特征。墨菲(J. P. Murphy)在《实用主义:从皮尔士到戴维森》一书中把戴维森看作实用主义最新发展阶段的代表。按照罗蒂为该书撰写的导论的说法,实用主义最显著的特征就是反表征主义(anti-representationalism)。主张反表征主义就是放弃对知识的旁观者的说

---

① 江怡:《现代英美分析哲学》(下),江苏人民出版社 2005 年版,第 839—840 页。
② [美]蒯因:《从逻辑的观点看》,江天骥等译,上海译文出版社 1987 年版,第 16 页。

明，进而放弃有关现象和实在的二分法。① 继蒯因对经验主义的两个教条进行猛烈攻击之后，戴维森诊断出经验主义的第三条教条，即他所说的图式与内容的二元论。这一点或许是他对实用主义的最大贡献。他关于言语行为的说明也体现出这一点，由于他基本接受了奥斯汀的言语行为学说，这就表明，他没有把语言和语言所要表达的东西完全分开。这和他广泛使用的整体论方法是一致的。

---

① J. P. Murphy, *Pragmatism: From Peirce to Davidson*, Boulder and Oxford: Westview Press, 1990.

第六章 对行动说明模式的重构与修正

本章首先在第一节对金在权的"说明排他原则"(the explanatory exclusion principle)所导致的结果进行分析,表明金在权的挑战并不真正适合行动的因果理论,行动的因果理论的基本观点是可以站得住脚的;在这个基础上,本章第二、第三节对戴维森的行动说明模式进行了重构和修正,并表明修正过后的行动说明模式可以迎接异常因果链的挑战,从而进一步捍卫了行动的因果理论。

第一节 捍卫行动的因果理论

在行动的非因果论的观点中,有一种釜底抽薪式的挑战,这就是金在权的"说明排他原则"(the explanatory exclusion principle)所导致的结果,该原则告诉我们,如果关于相同的事件和现象存在两个"完全""独立"的解释,那么必有一个是错的。这种观点和因果法则论证的观点有着紧密的联系,由于人们(包括戴维森)普遍相信,不存在连接心理-物理的规律,因此,常识心理学不能严格地还原为神经科学。这意味着它们是相互独立的。而与此同时,借助"神经因素"的行为因果说明本身也是完全的。由说明排他原则可知,这两种理论只能有一个是正确的。[①] 如果我们接受金在权的观点的话,那么这就意味着我们必须放弃行动的因果理论。

虽然金在权的论述自有其道理,但依笔者看来,他的结论超出了"说明排他原则"管辖的范围,"说明排他原则"的适用范围应限制在能用科学语言表达的理论中。例如,在地心说和非地心说中,如果它们是独立的和完全的,则两种理论中只有一个是正确的。

但在日常语言的语境中,我们更倾向于用是否恰当来衡量当事人的话

[①] See "Mechanism, Purpose, and Explanatory Exclusion", reprinted in A. Mele (ed.), *The Philosophy of Action*, Oxford University Press, 1997, pp. 256–282.

语。例如，在日常生活中，某人在早上看到太阳后说"太阳从东边升起来了"，我们通常并不说这是一个错误的表述，虽然科学家早就告诉我们，地球并不是宇宙的中心，但这并不妨碍我们日常谈话中对"太阳从东边升起来了"之类的句子表示认同，而且我们讨论的太阳和物理学家、天文学家眼中的太阳并无不同。

现在回到行动的因果理论中来，行动的因果理论特别的地方在于，既使用了科学语言，又使用了日常语言。它的特别之处是把诸如信念、欲望与意向这些日常语言概念和科学语言连接起来。两者虽然不能相互还原，但它们不存在根本的冲突，因为它们适用的范围并不相同。科学语言依赖于真实性原则，而日常语言依赖于恰当性原则。日常语言不会因科学的进步而丧失其魅力，相反，科学的进步丰富了日常语言。虽然和日常语言相关的这些规范性概念是可错的，但无须担心我们关于他人和外部世界的知识是根本上错误的，这是因为，对象给我们提供了共有的原因。

既然科学语言不见得有取代日常语言的必要性，那么，金在权"说明排他原则"导致的这种结果也就无须得到认可。我们认为，行动的因果理论的基本观点是可以站得住脚的，现在要做的只是部分的修补工作。

第二节　对行动说明模式的重构

虽然戴维森在《行动、理由与原因》（1963）实际上已经构造了一个行动说明模式，但该说明模式没有被明确描写出来，也没提及时间，而且，他后期关于行动说明的观点也和前期有所不同。为了修正戴维森的行动说明模式，我们要做的第一个工作是重构戴维森的行动说明模式。

令 S 为当事人，T 为时间，A 为行动，使得戴维森的行动说明模式包含了人物、时间以及行动三个要素。现在我们依次重构戴维森的行动说明模式。

在早期，戴维森的行动说明模式采用了还原的做法，即把理由直接还原为信念和欲望（前态度）的做法，意向在此处没有本体的地位。大致说来，可表述如下：

（1）当事人 S 在 T 时刻意向性地做 A 行动，当且仅当

i. S 在 T 时刻具有朝向 A 行动（A-ing，后面的用法与此相同）的

欲望（前态度）和相关的信念状态；

ⅱ. S在T时刻拥有的欲望（前态度）和相关的信念状态"以恰当的方式"引起A行动。①

虽然戴维森给出了基本的行动说明模式，很多哲学家也接受这种模式。但是，"以恰当的方式"与其说解决了问题，倒不如说标明了困难之所在。②

后来，由于戴维森承认了意图作为实体存在的可能性③，因此，他的行动的因果理论的说明模式（意向和行动同一时间的情形除外）有了一定的变化④，

（2）当事人S在T时刻意向性地做A行动当且仅当

ⅰ. S在T时刻具有朝向A行动的欲望（前态度）和相关的信念状态；

ⅱ. S在T时刻的欲望（前态度）和相关的信念状态必须"以恰当的方式"引起A行动的意向。

ⅲ. S去行动的意向必须以"恰当的方式"引起A行动。

但和上面一样，这里的棘手之处依然集中在"恰当的方式"的说明之上。

以上就是戴维森的行动说明模式的重构说明。

第三节 对行动说明模式的修正

（一）修正

前面的分析已经表明，尽管戴维森的行动说明模式卓有成效，而且也取得了很多哲学家的支持，但是他未能就"恰当的方式"给出一个恰当的说明。我们将在戴维森的行动说明模式基础上借鉴一些哲学家的做法给出

---

① 戴维森的观点可参见《行动、理由与原因》（1963）、《行动的自由》（1973）等论文。本书的说明可看第二章。
② See Davidson, "Freedom to Act", *EAE*, p. 79.
③ See Davidson, "Intending", *EAE*, pp. 83 – 102.
④ See Davidson, "Reply to Bruce Vermazen", in B. Vermazen and M. B. Hintikka (ed.) *Essays on Davidson：Actions and Events*, Oxford：Clarendon Press, 1985, p. 221.

一种修正性的建构。

这种建构主要是以米尔的成果为基础的。第三章已经讨论过,米尔通过引入计划的方式来消解异常因果链的挑战,例如:

(1) 某个人 S 在 t 时意向性地做行动 A 仅当在 t 时,S 有一个行动计划 P,该计划 P 包含或至少能恰当地引导他的行动。①

而且,米尔进一步提出,意向的导引作用要求我们,不仅仅是按计划行动 (acting in accord with a plan),而更加是遵循计划 (following a plan)。②

米尔等人在解决异常因果链的尝试中所做的工作是卓有成效的,其基本思路也是可以接受的。但就其意向的导引作用要求遵循计划这一点,可操作性并不太强。这是因为,计划永远赶不上变化。假设有这样一个杀手,他有杀人的意向,该意向包含了一个引导他行动的计划——行动的对象、时间、地点和方式均在计划之中。但这样够了吗?假设杀手的计划是在 T 时刻 X 处开枪击中受害人 P 的心脏置其于死地,那么我们的问题是:如果受害人 P 的心脏位置恰巧在胸部右边,那么,当杀手在 T+1 秒时 X 处瞄准受害人 P 胸部左边(他以为是心脏)开枪时,他击中受害人 P 的胸部并致其于死地的行为是意向性的吗?在这个例子中,我们很难断定他的计划会精确到分秒,更不能想象他拥有受害人的心脏位置和常人相异的知识,因此很难断定他的行为是不是意向性的。为了解决这个问题,我们可以补充条件进行调整:当事人 S 在 T 时刻意向性地做 A 行动,仅当,

(2*) A 行动的结果和当事人 S 于 T 时刻的心理预期相符合。

在这里,我们要求当事人的行动须和其心理预期相符合,而不仅仅是遵循计划,给了语境一席之地。这个修正过的说明还可以解决米尔等人通过诉诸"遵循计划"来解决异常因果链挑战时碰到的问题,我们把"遵循计划"修正为"和心理预期相符合"。在前面的例子中,杀手在 T+1 秒时 X 处瞄准受害人 P 胸部左边并致其于死地的这样的行为是否意向性的完全取决于当事人的看法,如果当事人认为他在九点钟的行动前后可有一定的误差,如果当事人认为"击中心脏"亦包含人们通常所说的"击中胸部左边",那

---

① See P. Moser, and A. Mele, "Intentional Action", reprinted in A. Mele (ed.), *The Philosophy of Action*, Oxford University Press, 1997, p. 229.

② Ibid., p. 239.

么，这样的行为就仍是意向性的，反之则不然。这里的因果链的缺口的填补依赖于语境。

当然，仅要求（2*）还是不够的。如果当事人并不具备做行动的能力，则"与心理预期相符合"可说是奢谈。让我们来看这样一种情形：假设李四有一种奇特的感觉，即，他明天买彩票必中特等奖。如果他第二天真的带着这样的意向去买彩票并中了特等奖，我们的问题就是：他中奖的行为是意向性的吗？显然不是。虽然这种行为结果既是他意向的结果，又与他心理预期相符合，但它却并不在李四的能力之中。因此，要避免异常因果链的诘难，还必须补上：

（2**）当事人 S 在 T 时刻有做 A 行动的能力，而且当事人尽全力做了 A 行动。

在这里，（2*）与（2**）说明的是意向以"恰当的方式"引起行动所需的条件。在上面的例子中，我们假定当事人的理由只有一个，因此对它们的分析也相对简单一些。但是，在多种理由甚至于相互冲突的情形中，又该怎样理解呢？在毒糖果的例子中，我有吃甜东西的欲望，而且我相信吃这糖果就是吃甜东西的一种方式，如果没有相悖的理由，我肯定会产生吃糖果的意向及履行其行动。但如果我知道糖果有毒且我的理性整体原则（当事人的单个信念不能违背整体系统的信念）告诉我：不能吃毒药。我吃糖果的意向就不会产生，更别说行动了。因此，理由以"恰当的方式"引起意向要求：

（2***）当事人 S 在 T 时刻服从理性的整体原则。

这样我们就能够解释为什么有些充分的理由并没有产生意向和行动的原因：它们（或它）违背了更高的原则。不过需注意的是，理性整体原则只能减少行动的选择，而不能帮人选择一个行动。我们可以做一个总结了，行动的因果理论所要求的"恰当的方式"的基本条件包含如下：

（3）当事人 S 在 T 时刻意向性地做 A 行动，仅当，
　i. A 行动的结果和当事人 S 于 T 时刻的心理预期相符合。
　ii. 当事人 S 在 T 时刻有做 A 行动的能力，而且当事人 S 尽全力做了 A 行动。

iii. 当事人 S 在 T 时刻服从理性的整体原则。

在补充了条件（3）后，上一节（1）和（2）已经阐述的戴维森的行动说明模式可以得到较好的辩护。在这里，我们对行动说明的逻辑结构进行了修正性建构，此建构反映了理性的规则：在当事人的行动符合我们给出的说明、条件下，通过欲望、信念、意向与行动这些概念，就能够对行动的因果理论做出很好的辩护。

我们的分析表明，这个修正后的行动说明模式可以较好地消去异常因果链。这种消去有两种途径：①由于异常因果链的情形不符合我们关于行动的说明，因此它就不是真正异常的；②调整陈述，补充一些必要的条件，使异常因果链的情形和我们对行动的说明一致，从而表明，异常因果链并不是真正的异常因果链。

（二）应用

应用 1：在开灯的例子中，[①] 我有照亮房间的欲望（前态度），我相信按开关是照亮房间的一种方式。而且，这种倾向受到外在条件的冲击下，例如，模糊的光线引起了我的心理变化，引起了我照亮房间的意向，以心理预期的方式引起了行动。通过这种说明，理由对行动所做的合理化说明是可以得到保障的。当然，在实际生活中的例子中，这种推理并不是一步一步进行的。人们的行动的产生和意向可能是同时出现的，但是，在这种情形下，考虑到当事人的意向和行动是一种惯性的话，那我们就必须承认，这种惯性的后边存在理由。

应用 2：在登山者的例子中，它不能满足我们的条件。它断定了当事人的心理变化，但是，它没有断言心理变化产生意向，更没有说明意向到行为的结果是以预期计划的方式引起了行动的。甚至最后发生在登山者身上的事件是否行动都值得怀疑。这样，它就不符合我们上面所说的条件，在此处，人们给出的行为的理由并不支持一种合理化的因果说明。在这个例子中，我们只有在做出调整描述之后才能使当事人的理由合理化地解释其结果。由于这里没有明确提到意向，一种可能解决的方式就是引入弗洛伊德关于潜意识的说明，认为存在一种潜在的意向，而且最终的结果是这种潜在意向导致产生的。但这样一来，就必须增加很多条件，就很难说是令人满意的。

---

① See Davidson, "Actions, Reasons, and Causes", *EAE*, p. 4.

应用3：在杀手的例子中，它也不能满足我们的条件。这里的关键不在于它没有给出基本理由（即杀手有杀人的欲望，并且他相信开枪是杀人的一种方式）。因为既然意向已经存在，我们可以合乎想象地推出心理状态或倾向已经受到冲击并转化为意向；问题的关键在于，结果和当事人的预期心理目标不同。因此，在这个例子中，欲望（前态度）和信念是无法对结果给出令人信服的合理化解释的。

在前面三个例子的情形中，我们假定当事人只有一个基本理由，因此对它们的分析也相对简单一些。但是，在理由相互冲突的情形中，又该怎样理解呢？在这个时候，理性整体原则就起作用了。

应用4：在毒糖果的例子中，我有吃甜东西的欲望（前态度），我相信吃这糖果就是吃甜东西的一种方式，同时，这糖果作为一种甜东西冲击了我的心理倾向，进而产生了吃这糖果的意向，如果没有其他相悖的信念制约这意向的话，我肯定会吃下这糖果。例如，在我只知道它是甜的东西，但不知道它是毒药的情形中。但是，如果我的理性整体原则告诉我，不能吃毒药，而我又同时相信吃糖果就是吃毒药的一种方式，那么，我最后肯定不会吃这块糖果。我们需注意的是，理性整体原则只能减少行动的选择，而不能帮人选择一个行动。

我们认为，改进过的这个行动说明更能捕捉"合理化就是一类因果说明"的核心内容。其代价就是缩小了合理化因果说明的范围。但是，和它所能达到的效果相比，这代价仍然是值得的。

结　　语

　　作为一门相对年轻的哲学分支，行动哲学开始于20世纪50年代。[①] 关于行动哲学的发展，《当代行动理论》第一卷，《个体行动》的编者在前言中这样说："几十年前，可以说是行动哲学的繁荣时期，但是，近些年来，这个领域呈现出相对平静的气象。尽管如此，一些重要发展不仅仅体现在传统行动理论所关注的问题，即行动的哲学和逻辑问题，还包括行动的计算方面，以及在社会（特别是多主体，multi-agent）行动这个新领域方面。"[②]《当代行动理论》的第二卷，《社会行动》就体现出了这个特点。显然，对社会行动的理解离不开个体行动，而对个体行动的讨论也有助于我们进一步理解社会行动。不过，我们注意到，戴维森是在20世纪50—60年代迷上行动哲学的。基本上说来，他关心的行动问题局限于个体行动领域，因此，本书对他的行动哲学的探讨也是限于这个领域之内。

　　实用主义强调行动的特点显然对戴维森有很深的影响。古典实用主义者的一个代表杜威在阐述自然主义的经验论时就断言，人和世界是合而为一的。经验不是认识的一环，而是在世界中"做事情"，是"一种行动的事件"。[③] 另一位新实用主义的代表蒯因也很重视行动，他以人的行动为基础来阐述其语言哲学。他指出，每个人都是通过观察和模仿别人的行动来学习语言的，语言的指称和意义都和人的行动息息相关，语言的意义也只能根据人的行动而定。但是，我们注意到，杜威所说的行动更强调的是实践，而蒯因则主要是把行动看成一种手段。他们都没有对行动本身给予足够的研究。就对行动本身关注而言，对戴维森影响更大的是牛津学派。正如我们已经提到的那样，传统的行动哲学主要关注的是哲学和逻辑问题，戴维森的行动哲学正好体现了这一点。江怡指出，戴维森的行动哲学在相当大的程度上起到了转向的作用：在20世纪60年代，英美哲学家在行动哲学中

[①] G. Holmström-Hintikka & R. Tuomela, *Contemporary Action Theory*: Volume 1: *Individual Action*, Kluwer Academic Publishers, 1999, p. ix.

[②] Ibid., p. v.

[③] 详细阐述可参见江怡《现代英美分析哲学》，江苏人民出版社2005年版，第369－377页。

主要参考文献

一、戴维森著作

[1] Davidson D. Essays on Actions and Events [M]. 2nd ed. Oxford: Oxford University Press, 2001.

[2] Davidson D. Inquires into Truth and Interpretation [M]. 2nd ed. Oxford: Oxford University Press, 2001.

[3] Davidson D. Subjective, Intersubjective, Objective [M]. Oxford: Oxford University Press, 2001.

[4] Davidson D. Problems of Rationality [M]. Oxford: Oxford University Press, 2004.

[5] Davidson D. Truth, Language, and History [M]. Oxford: Oxford University Press, 2005.

[6] Davidson D, Hintikka J. Words and Objections: Essays on the Work of W. V. Quine [C]. Dordrecht, Boston: D. Reidel, 1975.

[7] Davidson D, Siegel S. Decision Making: An Experimental Approach [M]. Stanford, C. A.: Stanford Oniversity Press, 1957.

[8] Davidson D, Harman G. Semantics of Natural Language [C]. Dordrecht, Boston: D. Reidel, 1977.

[9] Davidson D. Truth and Predication [M]. The Belknap Press of Harvard University Press, 2005.

[10] 唐纳德·戴维森. 真理、意义、行动与事件——戴维森哲学文选 [M]. 牟博, 编译. 北京: 商务印书馆, 1993.

[11] 唐纳德·戴维森. 真理、意义与方法——戴维森哲学文选 [M]. 牟博, 选编. 北京: 商务印书馆, 2008.

[12] 唐纳德·戴维森. 对真理与解释的探究 [M]. 2版. 牟博, 江怡, 译. 北京: 中国人民大学出版社, 2007.

[13] 唐纳德·戴维森. 真与谓述 [M]. 王路, 译. 上海: 上海译文出版社, 2007.

二、研究戴维森哲学的文献

[1] Evnine S. Donald Davidson [M]. Cambridge: Polity Press, 1991.

[2] Glock, Hans-Johann. Quine and Davidson on Language, Thought and Reality [M]. New York: Cambridge University Press, 2003.

[3] Glüer, Kathrin. Donald Davidson: A Short Introduction [M]. Oxford: Oxford University Press, 2011.

[4] Hahn, Lewis Edwin (ed.). The Philosophy of Donald Davidson, Library of Living Philosophers XXVII [C]. Chicago: Open Court Publishing Company, 1999.

[5] Joseph, Marc. Donald Davidson [M]. Acumen Publishing Limited, 2004.

[6] LePore, Ernest (ed.). Truth and Interpretation: Perspectives on the Philosophy of Donald Davidson [C]. Oxford: Basil Blackwell. 1986.

[7] Lepore, Ernie, Ludwig Kirk. A Companion to Donald Davidson [C], Wiley-Blackwell, 2013.

[8] Ludwig K. Donald Davidson [C]. New York: Cambridge University Press, 2003.

[9] Malpas J E. Donald Davidson and the Mirror of Meaning [M]. Cambridge: Cambridge University Press, 1992.

[10] Preyer G, Siebelt F, Ulfig A. Language, Mind, and Epistemology: on Donald Davidson's Philosophy [M]. Dordrecht; Boston: Kluwer Academic, 1994.

[11] Ramberg B T. Donald Davidson's Philosophy of Language: An Introduction [M]. Oxford; New York: B. Blackwell, 1989.

[12] Stoecker R. Reflecting Davidson: Donald Davidson Responding to an International Forum of Philosophers [C]. Berlin; New York: Walter. de Gruyter, 1993.

[13] Stout, Rowland. Action, Acumen Publishing Limited, 2005.

[14] Vermazen B, Hintikka M B. Essays on Davidson: Actions And Events [C]. Oxford: Oxford University Press, 1985.

[15] Wan-Chuan Fang. A Study of Davidsonian Events [M]. Institute of American Culture Academia Sinica. Nankang, Taipei, 1985.

[16] Zeglen, Urszula M. Donald Davidson: Truth, meaning and knowledge [C]. London: Routledge, 1991.

[17] 陈长燊．理解的准则——戴维森合理性理论研究［M］．北京：中国社会科学出版社，2012．

[18] 江怡．遭遇理性，遭遇戴维森［J］．世界哲学，2003（6）．

[19] 刘国锋．戴维森论行动与意向［J］．哲学研究，2007（1）．

[20] 刘国锋．行动的时间问题［J］．自然辩证法研究，2009（1）．

[21] 刘国锋．行动的因果理论的解释力量［J］．哲学研究，2009（4）．

[22] 刘国锋．论戴维森哲学中的符合原则［J］．重庆交通大学学报（社会科学版），2017（3）．

[23] 刘国锋．论合理性原则在戴维森行动哲学中的应用［J］．齐齐哈尔大学学报（哲学社会科学版），2017（4）．

[24] 牟博．戴维森、哲学与中国哲学——追思戴维森［J］．世界哲学，2003（6）．

[25] K．路德维希，U．M．齐林．戴维森在哲学上的主要贡献［J］．江怡，编译．世界哲学，2003（6）．

[26] 柯克·路德维希．唐纳德·德维森［C］．郭世平，译．上海：复旦大学出版社，2011．

[27] 王静．戴维森纲领与知识论重建［M］．北京：科学出版社，2013．

[28] 王路．向往戴维森．世界哲学［J］．2003（6）．

[29] 叶闯．理解的条件——戴维森的解释理论［M］．北京：商务印书馆，2006．

[30] 张妮妮．意义，解释和真：戴维森语言哲学研究［M］．北京：中国社会科学出版社，2008．

三、其他文献

英文：

[1] Austin J L. How to Do things with Words［M］. Oxford：Oxford University Press，1962.

[2] Anscombe G E M. Intention（Second Edition）［M］. Cambridge：Harvard University Press，2000.

[3] Armstrong D M，Malcom N. Conscious and Causality：A Debate on the Nature of Mind［M］. New York：Blackwell，1984.

[4] Bach，Kent. Actions are not Events［J］//Mind，89，1980：114 – 120.

[5] Care, Norman S, Landesman, Charles. Readings in the Theory of Action [M]. Indiana University Press, 1968.

[6] Chisholm, Roderick. Events and Propositions [J] // Nôus. 1970 (4): 15–24.

[7] Chisholm, Roderick. States of affairs again [J] // Nôus. 1971 (5): 179–189.

[8] Danto, Arthur. What We Can Do [J] // Journal of Philosophy, 1963 (60): 435–445.

[9] Danto, Arthur. Basic Actions [J] // American Philosophical Quarterly, 1965 (2): 141–148.

[10] Davis L H. Theory of Action [M]. Prentice-Hall, INC, 1979.

[11] Devitt, Michael. Ignorance of Language [M]. Oxford: Clarendon Press, 2006.

[12] Devitt, Michael. Designation [M]. New York: Columbia University Press, 1981.

[13] Devitt, Michael. Realism and Truth [M]. 2nd ed. Princeton University Press, 1997.

[14] Ford, Anton; Hornsby, Jennifer; Stoutland, Frederick. Essays on Anscombe's Intention [M]. Cambridge: Harvard University Press, 2011.

[15] Fodor, Jerry. Psychosemantics: The Problem of Meaning in the Philosophy of Mind [M]. Cambridge, Massachusetts: Bradford Books, MIT Press, 1987.

[16] Langford, Glenn. Human Action [M]. Garden City, New York, Anchor Books, Doubleday & Company, INC., 1971.

[17] Grice H P. Intention and Uncertainty [J] // The Proceedings of The British Academy, Volume LVII. London. London: Oxford University Press, 1972.

[18] Hale B, Wright C. A Companion to the Philosophy of Language [C]. Oxford: Blackwell Publishers Ltd, 1997.

[19] Harman, Gilber. Change in View: Principles of Reasoning [M]. Cambridge, Mass.: MIT Press, 1986.

[20] Holmström-Hintikka, Ghita, Tuomela, Raimo (ed.). Contemporary Action Theory: Volume 1: Individual Action [C]. Kluwer Academic Publishers, 1999.

[21] Hume, David. Enquires Concerning Human Understanding and Concerning

the Principles of Morals [M]. Peter Nidditch (ed.). Oxford: Clarendon Press 1975.

[22] Hornsby, Jennifer. Actions [M]. Routledge & Kegan Paul Ltd, 1980.

[23] Hursthouse R. Arational Actions [J]. The Journal of Philosophy, 1991 (88): 57-68.

[24] Kim, Jaegwon. Events as Property Exemplifications [J] // M. Brand and D. Walton (eds). Action theory. Dordrecht: Reidel, 1976: 160.

[25] LePore, Ernest and McLaughlin, Brian (ed.). Actions and Events: Perspectives on the Philosophy of Donald Davidson [C]. Oxford: Basil Blackwell, 1985.

[26] Malpas J E. The Philosophical Papers of Alan Donagan (Volume II): Action, Reason and Value [M]. The University of Chicago Press, 1994.

[27] Mele A R. The Philosophy of Action [C]. Oxford: Oxford University Press, 1997.

[28] Mele A R. Intentional Action and Ward Causal Chains: The Problem of Tertiary Waywardness [J]. Philosophical Studies. 1987 (51): 55-60.

[29] Murphy J P. Pragmatism: From Peirce to Davidson [M]. Boulder and Oxford: Westview Press, 1990.

[30] Parkinson G H R. The Theory of Meaning [M]. Oxford: Oxford University Press, 1978.

[31] Quine W V O. Word and object [M]. Technology Press of the Massachusetts Institute of Technology, 1960.

[32] Nathan Salmon, Scott Soames. Propositions and Attitudes [C]. Oxford: Oxford University Press, 1988.

[33] Strawson P F. Studies in the Philosophy of Thought and Action [C]. Oxford: Oxford University Press, 1968.

[34] Swindal J. Action and Existence: A case for Agent Causation [M]. Palgrave Macmillan, 2012.

[35] Thayer H S. Meaning and Actions: A Study of American Pragmatism [M]. The Bobbs-Merrill Company, Inc., 1973.

[36] Thomson J J. The Time of Killing [J] // The Journal of Philosophy. 1971 (68): 115-132.

[37] Velleman, David. Practical Reflection [M]. Princeton University Press, 1989.

[38] Velleman, David. The Possibility of Practical Reason [M]. Oxford: Oxford

University Press, 2000.

[39] Wilson N J. Substances Without Substrata [J]. The Review of Metaphysics, 1959, 12 (4).

[40] Wheeler Ⅲ S C. Deconstruction as Analytic Philosophy [M]. Stanford: Stanford University Press, 2000.

[41] White A R. The Philosophy of Action [M]. Oxford: Oxford University Press, 1968.

中文:

[1] [英] 艾耶尔. 哲学中的变革 [M]. 陈少鸣, 王石金, 译. 上海: 上海译文出版社, 1985.

[2] [英] 艾耶尔. 二十世纪哲学 [M]. 李步楼, 俞宣孟, 苑利均, 译. 上海: 上海译文出版社, 2005.

[3] [英] 艾耶尔. 语言、真理与逻辑 [M]. 尹大贻, 译. 上海: 上海译文出版社, 1981.

[4] [英] 安斯康. 意向 [M]. 张留华, 译. 北京: 中国人民大学出版社, 2008.

[5] 车铭洲. 西方现代语言哲学 [M]. 李连江, 译. 天津: 南开大学出版社, 1989.

[6] 陈波. 逻辑哲学导论 [M]. 北京: 中国人民大学出版社, 2000.

[7] 陈波, 韩林合. 分析哲学——回顾与反省 [C]. 成都: 四川教育出版社, 2001.

[8] 陈亚军. 从分析哲学走向实用主义——普特南哲学研究 [M]. 北京: 东方出版社, 2002.

[9] 方万全. 戴维森的哲学思想 [J]. 世界哲学, 2003 (6).

[10] [芬兰] 冯·赖特. 知识之树 [M]. 陈波, 选编. 陈波, 等, 译. 北京: 生活·读书·新知三联书店, 1987.

[11] [德] 弗雷格. 算术基础 [M]. 王路, 译. 北京: 商务印书馆, 1994.

[12] [德] 弗雷格. 弗雷格哲学论著选辑 [M]. 王路, 译. 北京: 商务印书馆, 2006.

[13] [奥地利] 弗洛伊德. 弗洛伊德文集 (第四卷) [M]. 杨韶刚, 译. 长春: 长春出版社, 1998.

[14] [英] 格雷林. 哲学逻辑引论 [M]. 牟博, 译. 北京: 中国社会科学出版社, 1990.

[15] 韩林合. 分析的形而上学 [M]. 北京：商务印书馆, 2003.
[16] 高新民. 现代西方心灵哲学 [M]. 武汉：武汉出版社, 1994.
[17] 高新民, 储昭华. 心灵哲学 [M]. 北京：商务印书馆, 2002.
[18] 洪谦. 逻辑经验主义（下卷）[M]. 北京：商务印书馆, 1984.
[19] 胡泽洪. 逻辑的哲学反思 [M]. 北京：中央编译出版社, 2004.
[20] [英] 霍布斯. 利维坦 [M]. 黎思复, 黎廷弼, 译. 北京：商务印书馆, 1985.
[21] 黄斌. 语言逻辑与哲学——难题与解析 [M]. 重庆：重庆出版社, 1999.
[22] [英] 吉尔伯特·赖尔. 心的概念 [M]. 徐大建, 译. 北京：商务印书馆, 1992.
[23] [德] 康德. 纯粹理性批判 [M]. 邓晓芒, 译. 北京：人民出版社, 2004.
[24] 江怡. 走向新世纪的西方哲学 [M]. 北京：中国社会科学出版社, 1998.
[25] 江怡. 《逻辑哲学论》导读 [M]. 四川：四川教育出版社, 2002.
[26] 江怡. 维特根斯坦：一种后哲学的文化 [M]. 北京：社会科学文献出版社, 2002.
[27] 江怡. 现代英美分析哲学 [M]. 南京：凤凰出版社, 江苏人民出版社, 2005.
[28] [美] 蒯因. 从逻辑的观点看 [M]. 江天骥, 宋文淦, 张家龙, 译. 上海：上海译文出版社, 1987.
[29] [美] 蒯因. 语词和对象 [M]. 陈启伟, 朱锐, 张学广, 译. 北京：中国人民大学出版社, 2005.
[30] [美] 罗蒂. 后形而上学希望 [M]. 张国清, 译. 上海：上海译文出版社, 2003.
[31] [美] 罗蒂. 后哲学文化 [M]. 黄勇, 编译. 上海：上海译文出版社, 1992.
[32] [美] 罗蒂. 哲学和自然之镜 [M]. 李幼蒸, 译. 北京：生活·读书·新知三联书店, 1987.
[33] [英] 罗素. 我的哲学的发展 [M]. 温锡增, 译. 北京：商务印书馆, 1982.
[34] [英] 罗素. 逻辑与知识 [M]. 苑利均, 译. 北京：商务印书馆, 1996.

[35] [美]马蒂尼奇. 语言哲学 [C]. 牟博,等,译. 北京:商务印书馆,1998.

[36] [美]穆尼茨. 当代分析哲学 [M]. 吴牟人,等,译. 上海:复旦大学出版社,1986.

[37] [英]尼古拉斯·布宁,余纪元. 西方哲学英汉对照辞典 [Z]. 北京:人民出版社,2001.

[38] [德]施太格缪勒. 当代哲学主流(上卷)[M]. 王炳文,等,译. 北京:商务印书馆,2000.

[39] [美]萨特康普. 罗蒂和实用主义 [M]. 张国清,译. 北京:商务印书馆,2003.

[40] [英]斯特劳森. 个体 [M]. 江怡,译. 北京:中国人民大学出版社,2004.

[41] [英]苏珊·哈克. 逻辑哲学 [M]. 罗毅,译. 北京:商务印书馆,2003..

[42] 苏隆. 弗洛伊德十讲 [M]. 北京:中国言实出版社,2004.

[43] 涂纪亮. 英美语言哲学概论 [M]. 北京:人民出版社,1988.

[44] 涂纪亮. 语言哲学名著选辑 [M]. 北京:生活·读书·新知三联书店,1988.

[45] 涂纪亮. 当代西方著名哲学家评传. 第一卷(语言哲学)[M]. 济南:山东人民出版社,1996.

[46] 涂纪亮. 分析哲学及其在美国的发展(上、下卷)[M]. 北京:中国社会科学出版社,1987.

[47] 涂纪亮. 从古典实用主义到新实用主义——实用主义基本观念的演变 [M]. 北京:人民出版社,2006.

[48] 夏基松. 现代西方哲学 [M]. 上海:上海人民出版社,2006.

[49] 徐向东. 道德哲学与实践理性 [M]. 北京:商务印书馆,2006.

[50] 徐友渔. "哥白尼"式的革命 [M]. 上海:上海三联书店,1994.

[51] [古希腊]亚里士多德. 形而上学 [M]. 吴寿彭,译. 北京:商务印书馆,1959.

[52] [古希腊]亚里士多德. 尼各马科伦理学 [M]. 苗力田,译. 北京:中国人民大学出版社,2003.

[53] 杨玉成. 奥斯汀:语言现象学与哲学 [M]. 北京:商务印书馆,2002.

[54] 易江. 行动与行动说明 [M]. 上海:同济大学出版社,1995.

［55］王路．世纪转折处的哲学巨匠：弗雷格［M］．北京：社会科学文献出版社，2002．
［56］王路．走进分析哲学［M］．北京：生活·读书·新知三联书店，1999．
［57］王元明．行动与效果：美国实用主义研究［M］．北京：中国社会科学出版社，1998．
［58］［英］维特根斯坦．逻辑哲学论［M］．贺绍甲，译．北京：商务印书馆，1996．
［59］［英］维特根斯坦．哲学研究［M］．陈嘉映，译，上海：上海人民出版社，2001．
［60］［美］约翰·麦克道威尔．心灵与世界［M］．北京：中国人民大学出版社，2006．
［61］［澳］约翰·巴斯摩尔．哲学百年　新近哲学家［M］．洪汉鼎，陈波，孙祖培，译．北京：商务印书馆，1996．
［62］张庆熊，周林东，徐英瑾．二十世纪英美哲学［M］．北京：人民出版社，2005．
［63］赵敦华．现代西方哲学新编［M］．北京：北京大学出版社，2001．
［64］周祯祥．道义逻辑——伦理行为和规范的推理理论［M］．武汉：湖北人民出版社，1999．